ヘッドハンターだけが知っている

プロ経営者の仕事術

The Discipline of Professional CEOs

古田英明
+縄文アソシエイツ

新潮社

はじめに　「プロ経営者の時代」到来

テレビをつければ転職サイトのＣＭが繰り返し流され、新聞・雑誌でも転職関連の広告がやけに目に付く。電車の中吊り広告も、ネット広告も転職の文字で溢れています。電子メールをチェックすると、転職サイトからＤＭが届いている……。

最近の流行は「エグゼクティブ転職」のようで、「年収一千万円以上」をうたい文句に盛んに誘ってきます。好奇心から転職サイトを覗いたことがある人もいるかもしれません。もしかして、転職で給料が上がるかもしれないと思って登録までしたとすれば、まさにサイトの目論見どおりです。なぜって、彼らのビジネスはそこで半分以上完了しているのですから。

派手に広告を打って数万人規模で登録者を集め、成功報酬の条件で集めた同じくらいの数の求職案件とＩＴを活用したマスとマスのマッチングにより、転職先を紹介するというのが基本的なビジネスモデルです。その成約率は一〇％から二〇％くらいだといわれています。

だから、大半の人にはほとんど紹介が来ない。仮に紹介されたとしても、どの程度本人の適性が考慮されているのかは大いに疑問です。実際に、転職後の早期退職率も高いと聞いています。

かく言う私の職業はヘッドハンターです。しかも、エグゼクティブ専門でキャリアは二十五年。お陰さまで、その世界では少しは知られた存在といわれるようになりました。

何だ同業者が他社の悪口を言っているのかなどと誤解しないでください。ここでハッキリと言っておきますが、ヘッドハンターは、転職サイトや最近よく耳にする「キャリアコンサルタント」とは似て非なるものです。ヘッドハンターはグローバル基準では年収二千万円以上の人を対象としています。その意味で本当のヘッドハンターは日本中でも五十人から百人くらい、さらに、その中でグローバルに認められている人はせいぜい十人いるかいないかでしょう。

私の会社「縄文アソシエイツ」を起業して、二〇一五年で二十年になります。これもお陰さまなのですが、日本で世界に通用するといわれる数社のヘッドハンティング会社の一つという評価を戴いています。と言っても、たぶん、聞いたことはないでしょう。それもそのはずです。私たちの会社は広告は出していないし、宣伝もほとんどしません。知る人ぞ知る存在であればいいと思っています。ヘッドハンターは、あくまでビジネス界の黒衣《くろご》だというのが私たちのポリシーです。

私たちは、企業経営を担えるような優秀な人材が欲しいという企業経営者やオーナーの要請を受けて動き始めます。当然、そういう人材は限られています。だから、転職希望者を広く募る必要はありません。ターゲットはみなバリバリと一流企業で活躍している人ばかりですから、むしろ、転職を考えていないことが多いくらいです。

それをどうやって口説くのか？　そこが私たちヘッドハンターの腕の見せ所です。

具体的な方法はケースバイケース。狙った相手に直接コンタクトすることもあれば、比較的ポピュラーなパターンは、ヘッドハンティングの候補者となりそうな人材を若い頃に見つけておき、長期的にお付き合いしながら、頃合いを見計らって、ちょうどその人に向いたオファーがあれば、転職を持ちかけるというやり方です。

そうやって、すでに二千人以上のエグゼクティブの転職をお手伝いしてきました。クライアントである企業のオファーにお応えする確率は九〇％。これは業界でもトップクラスの成約率だと自負しています。


それにしても、この数年、私が実感しているのは、時代の大きな変化です。大企業の社長やCEOなどに、外部からスカウトされた人材が就くケースが相次いでいるからです。

こうしたトップ交代を通じて、日本でも経営のプロフェッショナル、すなわち「プロ経営者」が注目されるようになっています。その代表格は、二〇一一年にGE（ゼネラル・エレクトリック）の上級副社長からLIXILのCEOに転職した藤森義明氏でしょう。実はこの案件には私自身もヘッドハンターとして関わっています。

また、二〇一四年には長らくローソンの経営を担ってきた新浪剛史氏がサントリーの社長にスカウトされ大きな話題になりました。新浪氏もまた日本を代表する「プロ経営者」の一人といっていいでしょう。ちなみに新浪氏と最初にコンタクトを取らせていただいたのは、まだ三菱商事にお勤めだった頃のことです。

その他、資生堂や武田薬品工業、ベネッセでもプロ経営者と目される人材が外部から招かれて、経営を任されています。まさに「プロ経営者の時代」が到来したといっても過言ではありません。

一方で日本企業は今、大きな転換点に立たされています。

少子高齢化の進む日本では、三十五年後の二〇五〇年までには人口一億人を割り込むことが確実視されています。二〇一五年から三十五年前が一九八〇年ですから、そう考えると、それほど遠くない未来に日本の人口は二千万人以上も減ってしまうということです。そのくらいならまだ何とかなると思うかもしれませんが、その後は毎年、百万人単位で減り続け、五十年でさらに半減し、二十一世紀の終わりには五千万人程度の人口になるといわれています。まさに存亡の危機に瀕していると言っても過言ではありません。

それに追い打ちをかけるのが、GDP比二三〇%を超えて膨れあがる財政赤字です。ちなみに財政破綻が話題になっているギリシャですら赤字はGDP比一七〇%超ですから、日本の危うさが分かると思います。国際的な格付け機関であるムーディーズに続いて、スタンダード&プアーズ（S&P）でも日本国債の格付けは中国や韓国よりも下になっていることが、そのことを象徴していると言えるでしょう。

今後、人口減少局面で高齢化による社会保障費の増加に耐えながら、財政再建を図るには、大幅な増税は避けられません。こうして可処分所得が減っていくうえに、労働人口自体も減っていくとなれば、消費は低迷を余儀なくされ、多くの産業分野で国内市場には明るい展望を見出すのが難しくなるに違いありません。

移民の拡大によって総人口を維持し、この苦境を打開しようという意見もあるようですが、ピーク時には年間百万人の人口が減少していくそうですから、それを毎年、移民で補うというのは非現実的だと言わざるを得ません。

こうしたことから、いまや多くの企業にとって、合併や買収により規模を拡大し、体力をつけたうえで海外市場に打って出ることが急務となっています。この点に関しては現在四千社以上ある上場企業を半分の二千社以下に絞り込まなければならないという予測すらあります。そのくらいのことをしなければ、世界的な巨大企業とグローバルな戦いを繰り広げることはできません。もし対等にやり合えないようでは、企業の存続すら危ぶまれる。日本企業、さらには日本経済は、そんな崖っぷちともいえる状況に置かれているのです。

この局面で一番重要となるのは、強力な指導力を持った改革者タイプのリーダーの存在です。人間は危機的な状況に置かれると、ついつい守りに入ってしまうものです。だから調整型のリーダーではなく、先頭に立って皆を引っ張っていくようなタイプであることが求められます。

綿密な分析により目標を立て、そのための戦略を練り上げ、それを会社全体に周知徹底させたうえで、確実に実行していく——。

この強いリーダーシップの担い手となり、企業の改革に取り組むのがプロ経営者です。その意味では、今の日本に最も必要とされている人材だと言えるでしょう。

本書では、プロ経営者を目指す中堅・若手のビジネスマンに向けて、そのための心構えや秘訣をまとめました。観念論、精神論に偏ることなく、実際に私がお付き合いした、この人はという経営者の行動や考え方、発言などを盛り込み、なるべく具体的なイメージが湧くようにしたつもりです。

ビジネスには興味があるが、プロ経営者になりたいわけではないという読者もいるでしょう。しかし、本書の内容はそういう皆さんにも決して無縁ではありません。

詳しくは本文中で述べますが、日本企業が前述したような大きな変革期を迎えるなかで、今後五年から十年で雇用をめぐる情勢も大きく変わっていくことが確実だからです。その変化のなかで社員の六割程度を占める中間層のビジネスマンが、一番大きな痛みを強いられることになります。

端的に言えば、これまで五十歳前後になれば昇進とはあまり関係なく、相応のレベルの中間管理職として八百万円から一千二百万円程度の年収があったものが、その半額程度に抑えられてしまう可能性が高いということです。一方、もっと若いビジネスマンでその十倍の給料を稼ぐ人も出てくることでしょう。要するに中間管理職のカテゴリーを超えるような能力を示さなければ、相当厳しい状況に陥ってしまうということです。

こうした変革の流れは洪水となり、すでに足元まで水に浸かっているというのが、現在の日本のビジネスマンが置かれている状況だと思います。やがて水の高さが胸まで来たときに、泳ぎ出すのか、石のように沈んでしまうのか、そう考えれば、好むと好まざるとにかかわらず、プロ経営者やビジネスリーダーを目指す競争に参加せざるを得ないのではないでしょうか。

もちろん、人生はお金だけで判断するものではありません。また、どういう選択をするかというのは基本的に個人の自由です。ただし、大きな変革期が迫っているということは、認識しておくべきでしょう。そういう時代に備えるという観点からも、私のビジネス論、仕事論を読んでいただいて決して損はないと自負しています。

この本が皆さんのビジネスマンとしての人生を実りあるものにすることに、少しでもお役に立てれば、これほどの幸せはありません。

ヘッドハンターだけが知っている　プロ経営者の仕事術◇目　次

第2章　日本「生き残り戦略」の主戦場となるASEAN　65

第3章　プロ経営者から学ぶリーダーの条件　95

第5章　四十代から五十代――決断のとき　171

図表製作　株式会社アトリエ・プラン
装　　幀　新潮社装幀室

ヘッドハンターだけが知っている　プロ経営者の仕事術

序　章　「人材敗戦」――危機の本質と日本復活への道

今後、日本企業がグローバル競争へ乗り出さざるを得ないこと、そしてその日本企業の舵取り役として、プロ経営者に大きな期待と注目が集まっていることは、本書の冒頭で述べたとおりです。

しかし、日本にとって致命的となりかねないのは、その絶対数が不足していることです。このままでは日本は第二次世界大戦における敗戦、バブル崩壊後、一九九〇年代の「金融敗戦」に続いて、「第三の敗戦」を迎えることになりかねません。私はこれを「人材敗戦」と名付けています。そして、こうした危機感を抱いたことが、本書を執筆した最大の理由です。

もっとも、ピンチはチャンスでもあります。

たとえば最近、超一流と言われるような大手企業のビジネスマンの間では、ソフトバンクに半年で百六十五億円の報酬を得た副社長が誕生して大きな話題となっています。また、LIXILの藤森氏やサントリーの新浪氏などのプロ経営者の年俸はいくらくらいなのかということにも大きな関心が寄せられているそうです。サラリーマンであっても、プロ経営者といわれるような人材になれば、巨額の報酬が得られるというのが、大いに魅力的なのでしょう。

実際、ある大手商社では、三十代、四十代で「外部に飛び出して活躍したい」と考える社員が増えているという話を聞きました。最初は関連会社で経営手腕を磨き、ゆくゆくはプロ経営者としてスカウトされるのを目指す。あるいは、実力をつけたうえで外資系企業へ転職して大きなチャンスを狙おうという人もいるでしょう。いずれにせよ、年功序列に乗っかって少しでも上位の役職を目指そうという、これまでのサラリーマンの人生観は、完全に過去のものになろうとしているようです。

意外かもしれませんが、会社の方でもこうした風潮を歓迎しているといいます。目標を持った熱意のある社員が増えることは、社内の活性化につながるからです。

プロ経営者をスカウトするヘッドハンターである私の立場から言わせてもらえば、巨額の報酬はあくまで結果に付いてくるものだということを強調しておきます。もちろん、お金がモチベーションの一つであっても構いません。しかし、それがメインにはなりえないということです。それでは何が大切なのか――。それは本文中でじっくりと述べていくつもりです。

プロ経営者、三つの要件

そもそも、プロ経営者とは何でしょうか?

最初にそれを簡単に定義しておきたいと思います。

まず文字通り、経営のプロフェッショナルであるということです。そのための知識、技能を備えたうえで、きちんと業績という形で結果を出し続ける。それが基本となります。

そのうえでプロ経営者にとってもう一つ重要なのは、常に改革者であるということです。どんなに現状がうまくいっているように見えても、それに甘んずることなく、時代の激しい変化を意識しながら、危機感を持って次の展開を予測し、それに基づいて新しいことに取り組んでいく。

改革を恒常的に進めるために最も重要となるのはリーダーシップです。だから、プロ経営者は経営ばかりではなくリーダーのプロフェッショナルでなければなりません。

①経営を行う知識、技能を身につけきちんと結果を出す
②常に改革者であり続ける
③リーダーのプロフェッショナルでもある

突き詰めて言えば、以上の三つがプロ経営者の要件だといえるでしょう。

ところが、現在の日本では「プロ経営者」と呼ばれる人たちのキャリアなど、表面的な派手な部分ばかりが強調されるきらいがあります。

米国の一流校でＭＢＡ（経営学修士）を取得し、一流企業や外資系企業を渡り歩いてキャリアを積んだエリートが、有名企業の経営者に招かれる――というようなイメージばかりが先行して、前述した三つの要件よりも、むしろこうした華麗なキャリアがプロ経営者の必要条件であるかのような錯覚を起こしているのです。また、前述したように、「プロ経営者」がもてはやされる背景には、日本の危機とも言うべき深刻な問題が見え隠れしていることなど考えてもいません。

そんな風潮を受けてのことだと思いますが、このところエグゼクティブ専門のヘッドハンティングをビジネスとしている私に対して、「ご活躍ですね」とか「先見の明がありましたね」「いよいよ、あなたの時代ですね」などと言ってくださる方々が少なくありません。

そのたびに、私はこう応えています。

「冗談じゃないですよ。このままでは遠からず、私のビジネスもあがったりになります」

そもそも、大きな誤解があると思うのは、プロ経営者とは何も外部からやって来る人材ばかりではないということです。

内部昇格のプロパーであろうと、世襲であろうと、経営者はすべからくプロであるべきではないでしょうか。

その意味で私は、サントリーや資生堂、武田薬品工業など創業百年を超える企業が、経営トップに外部の人材を招いたことに懸念を抱いています。こうした現象は逆に言えば、日本の名立たる大企業が社内でリーダーを育成する能力を失ってきているということを意味するからです。

それが、日本全体としてビジネスリーダーとなるべき人材が不足する大きな原因にもなっていると思います。これは国益という観点からはもちろん、私のビジネスにとっても大きなマイナス要因だと言わざるを得ません。

考えてもみてください。社長をスカウトするといっても、一流の大手企業ですらその候補が育てられないとなれば、いったいどこから連れてくればいいのでしょうか。「釣り場」と言ったらスカウト候補者の方々に失礼かもしれませんが、これまではこの会社のこの辺り、この業界周辺など、優秀な人材が見つけられそうな場所の見当がだいたいついたものです。

ところが、近年はその釣り場に行っても、なかなかスカウト候補者を見つけることができません。魚が集まる場所が変わったというのなら、新たな釣り場を見つければいいのですが、もしかしたら魚自体がいなくなってしまったのかもしれない。魚のいない海で釣り糸を垂れているのかもしれない……。

ここ数年、そんな懸念は強まるばかりとなっています。

「自分探しではなく、自分試しをしなさい」

それでは、私たち縄文アソシエイツはどんなビジネスを展開しているのか、それを簡単に説明しておきたいと思います。

本書の冒頭でも述べたとおり、縄文アソシエイツでは転職希望者に登録してもらうのではなく、クライアントである企業からのご要望に合わせてスカウトの対象を探し出すという「サーチ型」を取っています。先ほど私が「釣り場」などという失礼な言い方をしたのは、この「サーチ型」であることを分かりやすく説明したかったからです。

また、転職の対象となる人材も一般的な紹介業では、実質的には「第二新卒」といわれる若手から三十代半ばまでのミドル層が中心なのに対して、私たちは経営幹部となるエグゼクティブ層、年齢で言えば四十代から六十代のビジネスマンを対象としています。

十年ほど前だったと記憶していますが、経済誌などを中心に「三十五歳転職限界説」などとまことしやかに唱えられたことがありました。それ以上の年齢になると、ビジネスマンとしての市場価値が下がるので、転職したいのならなるべく早めに踏ん切りをつけた方がいいというのです。

様々なメディアや広告などを通じて転職を煽り立てた結果、二十代の若年層を中心に離職率は年々上昇していきました。

しかし、就職をして社会人としての基本を身につけ、ある程度の経験を積むにはどうしても一定の時間が必要です。見習いから始めて下働き、使い走りのようなことをしながら周りに認められて、仕事を任されるようになるまで五年くらいはかかるでしょう。そこから、経験を積むためにさらに二、三年の時間がかかったとすると、一人前になるにはどうしても七、八年は必要となる。基本を身につけないまま二十代で転職すれば、次の会社でもまた見習い扱いとなり、それが不満でまた転職。そんなことを繰り返しているうちに、何も身につけないで年だけを取っていくことになりかねない。

だから、当時私は「三十歳未満転職厳禁！」ということを声を大にして唱えました。ヘッドハンターも転職ビジネスの一つですから、そんなことを言っていると自分で自分の首を絞めることになりませんかと忠告されたこともありましたが、むしろ「小さな魚のうちに釣ってしまったらダメでしょう」というのが私の本音です。

私の敬愛する経営者の一人で花王の社長・会長をお務めになった後藤卓也さんは現役時代、

若手社員に向かって常にこうおっしゃっていたそうです。

「自分探しではなく、自分試しをしなさい」

現在でも大卒で就職した新入社員の三割は三年以内で退職してしまうというデータがありますが、その理由で一番多いのが「自分のやりたいことができない」というものです。後藤さんが現役の経営者だった二〇〇〇年代後半にも、そういうことがしばしば問題になったといいます。

もちろん夢を持つのはいいことです。そして、もし天賦の才があれば夢を追って生きていくこともできるでしょう。しかし、マジョリティにはそもそもそんなに確固とした夢があるわけではない、というのが後藤さんの見立てです。実際、会社で異動希望のアンケートを採ると、圧倒的に多い回答は「現職」だったということです。

そうだとすれば、会社の夢に自分の夢を合わせて、会社の夢の実現に取り組んでみたらどうだろうか。そうやって力をつけることが重要ではないだろうか。

自分の夢とは違うからと言って、目の前にある峠を登ろうとしないで、麓で寝転がっているばかりでは、いつまでたっても実力がつかない。そんなことをしていたら、仮にチャンスが訪れたとしても、それに気がつくことすらできない。だから、目の前の課題に取り組みなさい。もしそれがダメでも、また最初に戻ってやり直せばいい。そうやって実力をつけていきなさい——。

後藤さんは常にそう言い続けたそうです。

入社以来、研究所や下請け企業への出向など、順風満帆とはいえない中堅・若手時代を過ごし、その後も非主流の部門を渡り歩きながら、社長に抜擢された後藤さんのお話だけに説得力があります。

「五%ビジネスマン」が見つけられない

「エグゼクティブサーチ」を業務とする私たちとしても、若手社員がきちんと定着し、企業社会の中で大きく育ってもらわなければ困ります。

そのうえでどんな社員を目指すべきなのでしょうか。次にそれを説明したいと思います。

「五%ビジネスマン」——。

私は「目指すべきビジネスマン像」を語るとき、この言葉をよく使ってきました。ごく単純に言えば、同期百人のうち上位五人に入る人たちのことですが、後で説明するとおりもちろんそれだけではありません。

この五人が固まってくる以前に、入社してからだいたい五年から遅くとも三十歳になるくらいまでに、第一段階の選抜として上位の二十人が決まってきます。

昔から日本の会社組織について、よく「二対六対二」ということが言われました。本当にバリバリ働いて会社を引っ張っていくのは上位二割で、次の六割は与えられた仕事をそこそここなし、下位の二割はほとんど役に立たないという意味です。現在でもこの比率は変わっていないと思います。

同期百人のうち上位二割に入る二十人というのは、だいたい自然に浮かび上がってくるものです。しかし、近年の傾向として困ってしまうことがあります。それはそこから先の選抜が進まないということです。もちろん、個々のビジネスマンがどの程度の技術や技能を身につけているか、どんな実績を上げているかなどをもとに一位から二十位までの順位をつけて上位五人を選ぶことはできます。

しかし、それはあくまで上位二〇%の中の一位から五位であって、私の言う「五%ビジネスマン」ではありません。「五%ビジネスマン」として最も重要なことは、彼らが企業内のビジネスリーダーであるということです。

ただし、私の言うリーダーは世間一般で考えられているものとは、大きく異なります。リーダーが働くというのは「傍《はた》を楽にする」というのが私の持論です。つまり、ピラミッドの頂点に立って人を動かすのではなく、その人たちが働くことで、残りの九五%を幸せにするような存在だということです。

より具体的なイメージで申し上げれば、ピラミッドの上下をひっくり返していただければ分かりやすいと思います。その逆三角形の底の部分で全体を支えることで、他の皆の仕事を

図1「5%ビジネスマン」とは何か?

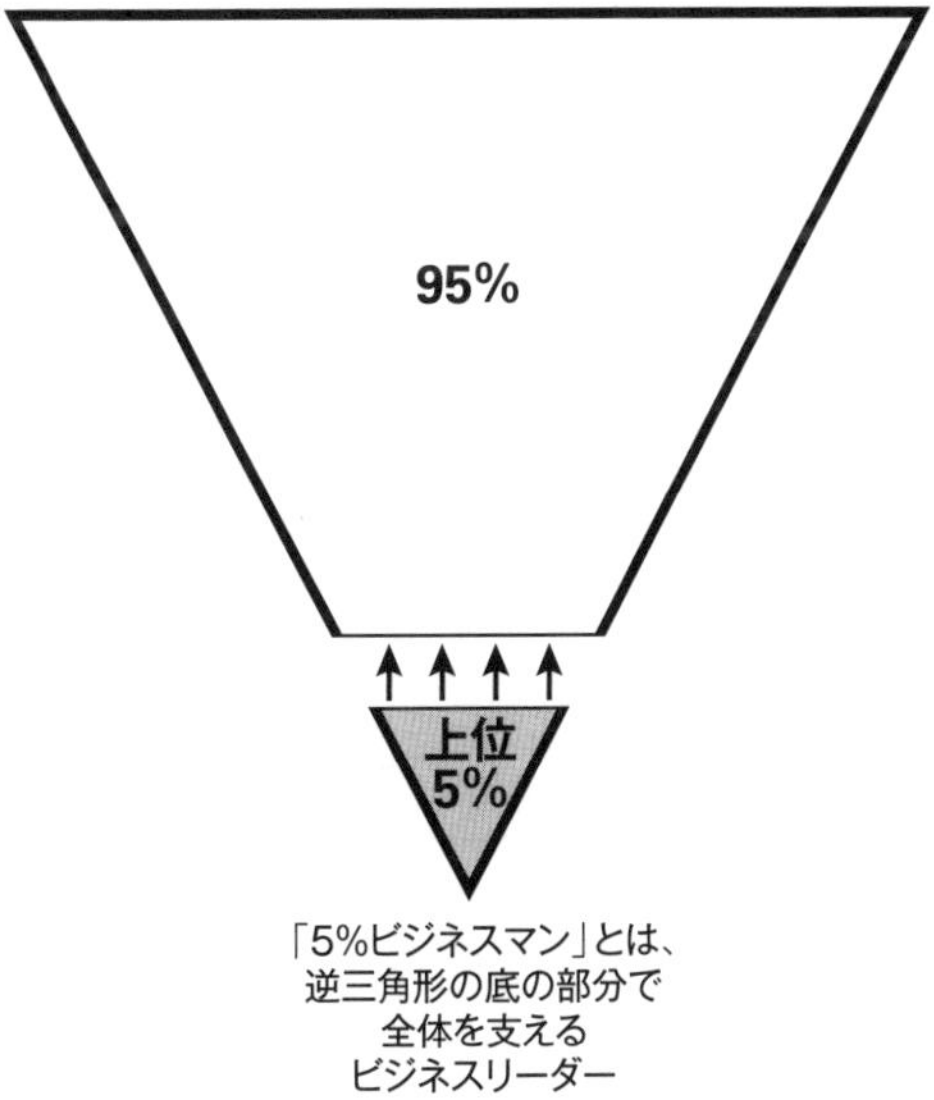

やりやすくして幸せにするような人物、それが私の考えるビジネスリーダー像です。「五%ビジネスマン」には、こうしたリーダーとしての能力が必要不可欠となります。そして、それを身につけるには、きちんとした仕事哲学や職業観、さらになぜ働くのかという倫理観を持つことです。そのうえで、ビジネスの知識と技術を磨き、人間性も豊かにしていかなければなりません。

そして、この「五%ビジネスマン」がプロ経営者の候補となります。もちろん、大多数はそのまま会社にとどまり社長など経営幹部を目指して切磋琢磨することになりますが、サラリーマン社会の常で、年次の巡り合わせや、派閥や人脈、その他様々な運不運により、どうしても実力がありながらラインから外れてしまう人が出てきます。そういう人材に目をつけ、スカウトするのが私たちの仕事です。

もっとも、いきなり探し始めて、都合よくそんな境遇の人が見つかるということはまずありません。だから、私たちは早いケースでは三十代の前半くらいから有望な人材に目をつけて、定期的に連絡を取りながら五、六年、長いときには十年以上もじっくりとお付き合いしながら、その人物の成長や取り巻く環境の変化をも見極めたうえで、ピッタリくる案件があればご提案するというやり方を取っています。この点については、次章で詳細に述べるつもりです。

ところが前述したとおり、近年これはと思う人材をなかなか見つけ出せません。

そんな私の危機感に拍車をかけたのが、百年続いてきたような大手企業が、相次いで外部から社長をスカウトしてきたことだったというわけです。

もちろん、内部から昇格してきた社長にはいろいろなしがらみがあって、会社を大きく変化させにくいという事情もあるのでしょう。

また、社長にはなれなかったとしても、各社ともに依然として優秀な人材をある程度抱えていることは確かです。しかし、絶対数が減ってその間の競争が以前ほど厳しくないとすれば、切磋琢磨してより優秀な人材になるチャンスも減るでしょう。また、外に飛び出そうと考える人材も自然と減ってくるに違いありません。

なにより、人材育成は企業文化の中核を担うものです。経営者の外部からの登用が一般的だと思われている欧米の企業でも企業文化がしっかりとしているといわれるGEでは代々生え抜きの長期政権が続いています。また、P&Gやネスレなどの一流企業でも可能な限り生え抜きの経営トップが選ばれています。その意味では、単に生え抜きの社長が出なくなったということだけではすまない、深刻な事態だと言わざるを得ません。

あと、五年、十年後に果たしてクライアントに応えられる人材をスカウトできるだろうか。そう考えると、自分のビジネスの先行きに不安を覚えます。

〝不死身の男〟は〝辺境〟で育つ

それではなぜ、日本企業に人材が育てられなくなったのでしょうか。

その大きな理由の一つは、企業から〝辺境〟といえるような部門や子会社、支社などがなくなってしまったことだというのが私の考えです。

ビジネスに限らず、官界などを含め多くの組織でリーダーと呼ばれる人たちの七、八割はエリートコースを歩んできた人たちです。しかし、二、三割くらいは傍流を歩んでそこから這い上がってくる人たちがいる。時々、面白いビジネスリーダーが現れたと思って、そのキャリアを子細に見ると、たいていは非エリートコースを歩んできた人たちです。

ビジネスリーダーではありませんが、元厚生事務次官で、橋本龍太郎政権から小泉純一郎政権まで四つの政権で内閣官房副長官を務めた古川貞二郎氏という人物がいます。私は何回かお目にかかってお話を伺った程度の関係ですが、お書きになったものを拝読しますと、まさに傍流を歩んできたリーダーの代表例だと思います。

東京大学出身者が大多数を占める官界において、古川氏は九州大学のご出身。しかも、国家公務員上級職試験に不合格となりいったんは長崎県庁に就職します。しかし、どうしても厚生省に入って福祉の仕事に携わりたいという夢を捨てきれず、再度チャレンジして、筆記試験はなんとかクリアしたものの、今度は面接で色よい返事がもらえない。それでも、面接官に食い下がり何とか内定を取り付けたという強者《つわもの》です。

こういう人はたいてい、将来を嘱望されるエリートは配属されないような〝激戦地〟を任されることになります。そして、たいていはそこで〝戦死〟してしまうことになります。もちろん、古川氏が実際にそんな境遇だったかどうかは分かりません。しかし、相当厳しい仕事を任されていたことは確かでしょう。古川氏はそれを切り抜けていくうちに鍛え上げられ、どこに送られても〝不死身の男〟になったのではないでしょうか。だからこそ、霞が関には珍しい非東大出身の事務次官になったばかりではなく、首相官邸の事務方のトップである官房副長官を歴代最長の八年七カ月にも亘って務めることができたのだと思います。

前述したとおり花王の元会長・社長の後藤さんも傍流を歩んできた人物です。以前、ご自分のキャリアで何がよかったのですかと伺ったところ、本社の中枢部門と違って社員の層が薄いため、かなり若い頃から自分の判断で物事が進められたことだというお答えでした。

もちろん、何でもかんでも勝手に判断するということではありません。物事の重要度によって、こんなことは自分のレベルで十分だということは自分で決め、必要なときにはきちんと上の判断を仰いだということです。

傍流すなわち会社組織における辺境には、いつ潰されるのか分からないという危機感が常にあります。しかも、人員が限られるなかでさまざまな工夫をしなければなりません。逆に、傍流であるがゆえに多少の失敗は気にしないで新しいことにチャレンジできるかもしれない。また、完全な負け戦に巻き込まれて敗戦処理を任されることもあるでしょう――。

若い時代からのこうしたさまざまな経験が、時に主流を歩むエリートを凌ぐリーダーを生み出すことがあるのです。そしてそれは決して珍しくはなかった。

ところが、バブル経済崩壊後の日本では、特に一九九〇年代末に「金融敗戦」などといわれるようになった時代から、会社組織に余裕がなくなり、辺境といわれるような部門が次々と潰されてしまいました。何とか残ったとしても、組織の人員が過剰になったことで、ある程度人が配置されるようになり、若手が台頭しにくくなったケースもあるでしょう。

さらに付け加えれば、コンプライアンス意識が高まったことも大きな影響を与えています。何か問題があったときに経営陣が管理責任を追及されることを過剰に警戒し、会社の端の方のセクションやあまり重要視されていない子会社に対しても、箸の上げ下ろしまで指示するようになってしまったのです。もちろん、コンプライアンス意識が高まること自体はいいことだと思いますが、過ぎたるはなお及ばざるが如し、ではないでしょうか。

プロ経営者になりたければアジアを目指せ

一方、従来のエリートコースからも「五％ビジネスマン」、さらには経営の根幹を担うビジネスリーダーがなかなか出てこない。この点について、私は次のように分析しています。例えばGEのようなグローバル企業では、常に選抜を繰り返すことで、早い段階でリーダー候補が絞り込まれていきます。それによりリーダーとしての自覚を持たせ、経験を積ませるのです。だから、そういう人材が実際に経営を担うときにはリーダーとして相当のレベルに達している。

これに対して多くの日本企業では、ほとんどの社員を平等に扱いほぼ均等に教育を実施するため、リーダー候補がハッキリしない。もちろん実際には、優秀な二〇％というのは浮かび上がってくるものなので、年功序列の枠組みのなかで昇進していくうちに、ある程度選抜は進み、エリートコースとかラインのようなものができてきます。しかし、常に上のポジションには上の年次の先輩がいて空きがないため、大胆な抜擢は難しく、優秀な人材がいてもリーダーとしての経験が積めない。そして結局、中間管理職の延長線上で経営を担ってしまう。これが現在、多くの日本企業が陥っている姿です。

結局、最大の問題は、九〇年代以降、二十年以上も日本の成長が止まっているということではないでしょうか。一方で他の国々はどんどん経済成長を遂げていますから、相対的に日本の経済力は落ちていくということになります。こうした右肩下がりの経済状況のなかでは、どんなビジネスに取り組むにしても、どうしても慎重にならざるを得ない。だから経験者にしか任せられなくなって、若手にはなかなかチャンスが回ってこなくなってしまう。その結果、役員が部長の仕事をこなし、部長が課長の仕事をこなし、課長が主任クラスの仕事をこなし、若手では二十代後半の社員が新入社員の仕事を取ってしまう。役職に見合った仕事をしなければ、とても成長など望めません。

かつて日本経済が右肩上がりだった時代には、会社の業績を左右するようなビジネスを一人でこなし、文字通り会社を背負って立つスーパー社員がいて、「代表取締役課長」だとか「代表取締役部長」などと呼ばれていました。すごい人になると、一介の平社員でありながら会社を支える「代表取締役平社員」などという強者もいたそうですから、今の時代から考えると、隔世の感があると言わざるを得ません。

そういう実力で周りを黙らせてしまうような人材は当然、将来の社長候補と目されますから、早いうちから自然とリーダーとしての経験を積むことになります。こうして、かつては日本でもグローバル型企業の選抜型のリーダーと同じタイプの経営者が、一定数は誕生していた。しかし、二十年以上経済の低迷が続くなかで、日本企業の勢いもすっかり失われ、「代表取締役○○」と呼ばれるようなスーパー社員もめっきり減ってしまいました。

こうした状況の打開策を考えるうえで、私が注目しているのはASEAN、インド、さらに中国を含めたアジアです。

現在、多くの日本企業は「チャイナプラスワン」というスローガンを掲げ、ASEANやインド市場の攻略を今後のビジネス戦略に取り組んでいますが、私は将来、プロ経営者となるようなビジネスリーダー候補を育成するうえでもアジアを活用すべきだと考えています。それはまさに失われた辺境の復活となるに違いありません。

日本企業がなぜリーダーを育てられなくなったのかということの理由をもう一つ加えれば、バブル崩壊以降から現在に至るまで続いている、内向き志向があげられると思います。ただでさえ国内では経済の低迷が続いているにもかかわらず、そこにたくさんの人が留まれば、いかに優秀な人材であってもなかなか自分を成長させるような機会に巡り合うことはできません。

ですから、プロ経営者を目指す若いビジネスマンで、社内の選抜システムが機能していないと感じるのであれば、成長が続いている国々、すなわちアジアに飛び出していくことで、自分を成長させるチャンスを摑むことが必要となってくるのではないでしょうか。

「日本的リーダー」の伝統が継承されていれば

最後に歴史的な視点から、「人材敗戦」を戦後という枠組みで捉えたとき、私なりに考えることを述べて、序章を終わりたいと思います。

かつて日本企業には、日本的な意味でのリーダーとして、こういうことを身につけなければならない、こういう立ち居振る舞い、考え方をしなければならないという、いわば伝統としての形式知と暗黙知が蓄積されており、リーダー候補のエリートたちは、さながら歌舞伎の型を学ぶようにそれをすり込まれていったものでした。しかし、そういう伝統の継承がある段階でぷっつりと切れてしまった。

なぜ、そうなったのかといえば、それは会社組織から戦争経験者がいなくなってしまったからではないかというのが私の考えです。

たとえば、私は一九七〇年代後半に大学を卒業して鉄鋼会社に就職したのですが、その頃はまだ会社には軍隊に行ったことのある人たちがたくさん残っていました。多分、本部長とか役員クラス以上の人たちは戦中派で、その多くにはなんらかの軍歴があったと思います。彼らは、武士道を中心とした日本の組織論の骨格とも言うべきものを、戦争という過酷な経験を通じてきっちりと身につけていました。

私は何も戦前の軍国主義を礼賛したいわけではありません。旧陸軍を中心に、日本の軍隊組織については派閥抗争や官僚主義、さらに政治への介入、無謀な作戦の乱発などいろいろな問題点が指摘されていることは承知しています。

しかし、そのなかに投げ込まれ、兵隊やせいぜい下級将校として前線に送られた人たちは、軍国主義などということとはまた別の次元の位相で軍隊と関わっていたのではないか、と思います。

なんとか生き残るために、彼らは必死になって知恵を絞らざるを得なかった。あるいは、たとえば戦争末期に硫黄島で栗林忠道中将の下、物量で圧倒的にまさる米軍相手に戦い抜いた兵士たちのように、命を捨てても家族や国を守りたいと考えた人もたくさんいたでしょう。

いずれにせよ、そういう極限状況ではどんな人物をリーダーとするかが、文字通り死活的に重要な問題となります。しかし、兵隊には上官を選ぶ権利がない以上、場合によってはダメなリーダーの下に入ってしまう可能性もある。

そんな組織の矛盾を実感しながら、じっくりと人間を観察してリーダーを見極め、良いリーダーからは学び、ダメなリーダーは反面教師にする――。

こうした経験から彼らが得た組織やリーダーに関する有形無形の知識やノウハウ、あるいは姿勢、心構えというようなものが、前述した形式知、あるいは暗黙知の一つの大きな源泉となりました。しかし、一九八〇年代末から九〇年代初めのバブル期前後に、戦中派のほとんどが会社から姿を消すと、継承されることなく廃れてしまったのです。

そこにはいくつかの理由があったと思います。一つは、私もそういう世代の方々からご指導いただいた経験があるので分かるのですが、彼らには偉そうなことを言っても結局は戦争に負けたという負い目みたいなものがあって、「上に立つ者とは」などということを、会社を辞めてまで声高に言う人はあまりいなかった。

もう一つ、戦後世代が戦中派の教えを結局、きちんと受け止められなかったということがあると思います。多分、戦中派が会社からいなくなったときに形式知や暗黙知が消えてしまったのではなくて、昭和三十年代くらいの、戦中派がマジョリティだった時代から四十年代、五十年代と時代を経て彼らの数が減るにしたがって、どんどんそぎ取られて、最終的に平成に入る頃に消えてしまったのではないでしょうか。

私を含めた現在の六十代はそういう教えを請うことができたほぼ最後の世代だったと思いますが、その価値を見極めたうえでそれをきちんと後輩に引き継げなかったという意味で、本当に罪深いと言わざるを得ません。

そういう日本的な組織論やリーダー像をベースにしたうえで、「グローバルスタンダード」と呼ばれる欧米的な経営手法を〝道具〟として受け入れ、生産性を上げ国際競争力を強化していれば、それによって確立される「二十一世紀の日本型経営」というべきものは、リーマンショックによって露呈した強欲資本主義の限界を打破するための、一つの処方箋となったかもしれません。

いずれにせよ、人材敗戦から復興するためにまず必要なのは人材の育成です。日本企業を立て直すという志を持った人たちのお手伝いをして、一人でも多くのビジネスリーダー、プロ経営者を誕生させるのが私たちの務めであり、同時にそれが日本を本当に再生する道にもつながると考えています。

第1章　プロ経営者はこうしてスカウトされる

人材を見極めるのに五年

序章の冒頭でプロ経営者の条件を箇条書きで挙げましたが、さらにイメージを膨らませていただけるように、この章では視点を変えてプロ経営者について論じてみたいと思います。

私たちがエグゼクティブ専門のヘッドハンターとして、実際のプロ経営者候補をどのように見いだし、どう説得してスカウトするのか。また、経営を任せられる人材を求めているクライアントからはどのように依頼され、それに基づいてどう探すのか。候補者が見つかった場合に、クライアントとどう引き合わせ、お互いにどう納得してもらうのか。実際に経営を引き受けてもらった後はどんなアフターケアをするのか――。

これらの点をなるべく具体的に説明することで、プロ経営者の実像をより鮮明に理解していただけるのではないでしょうか。

ヘッドハンティングの対象となったのは現在、「日本を代表するプロ経営者」の一人として名前が挙がることのある人物です。

ただし、実名や実際の会社名を明かすことはできません。また、以後の記述では、それが類推できるような部分についてはぼかしてありますが、基本的な経緯は事実に則したものです。

その人物が日本に帰国していることを知ったのは、二〇〇三年春のことでした。蛇の道は蛇というわけではありませんが、かなりレベルの高い日本人ビジネスマンが、とあるグローバル企業の本社から戻ってきたという情報が飛び込んできたのです。この辺りはプロ野球のスカウトと同じで、速い球を投げる高校生がいると聞くととりあえず見に行くわけです。それで、最初にその人物にお目にかかったのは、五月頃だったと思います。

その時の私の第一印象は、「大きな道具だな」というものでした。

確かに〝腕力〟が強く、仕事はものすごくできそうですが、志、すなわち公のために尽くそうという気持ちがどの程度強いのかは、今ひとつ判然としませんでした。帰国してからまだ日が浅く、いかにも米国的な自己アピールが先走っていたような印象があります。

その時は私たちの会社で主宰しているエグゼクティブ向けの勉強会にお誘いしたのですが、もちろん非常に多忙な人物なので、参加してくれることはありませんでした。

ちょうど一年後、今度は「案件」を携えて彼に会いました。ある名門企業を再建するために社長を引き受けてもらえないかと打診したのです。

しかし、この件は彼にとっては間尺に合わない話だったに違いありません。当時五十歳前後の働き盛りで、所属していた企業からはすでに億単位の報酬を得ていたと思います。一方、社長として名門企業の再生に取り組んでも給料は数分の一でしょうし、さらには高給を取ってリストラしに来たのかと、従業員からは罵声を浴びせられるに違いありません。だから私としても、ダメでもともとという提案でした。

そもそも、企業再生にはもっと正当な報酬が支払われるべきなのに、日本人好みなのは京セラの稲盛和夫氏が経営破綻した日本航空の会長に無報酬で就任して再建に取り組んだというような〝美談〟です。これでは、彼でなくても、なかなか引き受けてくれる人はいないでしょう。

結局、この時の話は流れましたが、彼の対応からは、最初の面談では判らなかった誠実さを感じました。

それから四年後に話は一気に飛びます。

私たち縄文アソシエイツのやり方で、これはという人材に出会うと、その人がどういう人か見極めるために三年から五年くらい時間を置くことにしています。

この間、その人物とは毎年、年賀状のやり取りをしたり、何回かは面談したりしたと思います。と言っても、本格的なものではなく、私の方から彼のオフィスを訪ねて、雑談をする程度のものでした。

一方、当時、彼は注目のビジネスマンとして、経済マスコミに登場する機会も増えていました。そのなかでの発言や数回の面談に際しての言葉の端々に、序章で述べた「傍《はた》を楽にする」というような、ビジネスリーダーとしての自覚が感じられるようになり、〝米国の垢〟もほどよく落ちてきて、スカウト候補者として着実に成長しているようでした。

そして、二〇〇八年の春、最初に会ってからちょうど五年が過ぎた頃、私はいよいよ本腰を入れて、彼をスカウトすることにしました。

船の大きさに見合った船長が必要

その頃、私はあるオーナー経営者から、経営幹部のスカウトを依頼されていました。

その人物の会社は東京下町の町工場から、戦後の高度成長の波に乗って新たな生活様式を提案する新商品を大々的に売り出して成功し、中小の同業他社を次々と買収することで、その分野で日本一となりました。さらに、その技術を応用してより市場の大きい新規事業に乗り出して大発展を遂げ、一部上場を達成。その後、バブル崩壊で一時業績を低迷させることもありましたが、強気の経営で挽回し、私にスカウトを依頼してきた頃は、同じ分野で製品が重ならない企業との経営統合を皮切りに合併や買収を繰り返し、この分野で国内最大級の企業グループを形成しつつありました。

このオーナー経営者が次に見据えていたのは、グローバル展開でした。

すでに述べたとおり、今後急激に人口減が進むと予想される日本では、国内市場の拡大は極めて難しいと言わざるを得ません。そんななかで売上を伸ばすためには、海外市場に打って出るしかない。そのためには、同じ業種のグローバル企業に対抗できるくらいの企業規模を確保しなければなりません。そんな危機感に煽られるように巨大な企業グループづくりに乗り出し、一定の成果を上げたものの、ここで困ったことが出てきました。グローバル企業を目指すこの巨大企業グループの経営を誰に任せるのかということです。

そもそも、いくつかの企業が集まってできたグループなのだから、会社経営をしたことがある人材はたくさんいるはずです。そのなかから優秀な人を選んで経営を任せればいいのではないか。読者のなかにはそう考える人もいるでしょう。

しかし、あくまで国内市場をターゲットとした中堅企業と、その数倍もの規模でグローバル展開を目指している巨大企業グループとでは、まったく経営の質が違ってきます。こんなたとえはどうでしょうか。小型の漁船と大型の客船や貨物船では操舵をはじめとしたすべての航行技術が違うので、当然船長もそれにふさわしい人材を選ばなければなりません。それが、超大型タンカーのような船になれば、大型客船や貨物船の船長でも容易に対応できないでしょう。船が大きくなれば、それにあわせて船長も代わらざるを得ないのです。

また、船が進むのも波の穏やかな内海や沿岸部ではありません。荒波をかき分けて大洋を航海しなければならない。当然、乗組員にもそれにふさわしい人材が必要となります。

実はすでに何人かの人材を経営幹部として私たちの会社でスカウトしてきたのですが、その総仕上げとして国際展開を任せられるような経営トップを探していたのです。

お金よりも自らの成長を求めて

スカウトの対象となった人物に、こんなオーナーの方がいるから会ってみないかと持ちかけたのは、前述したとおり二〇〇八年の初夏のことでした。

もちろん、経営者候補としてあなたを面接するなどとは伝えていませんし、クライアントであるオーナーもこの段階でCEOを任せようと、まだ本気で思っていたわけではありませんでした。お互いに人脈を広げるくらいの意識で会ったのですが、最初からすっかり意気投合して、二人はその後何度となく食事や会合を重ねました。

そのうえでようやく、オファーが出されたのは二〇〇九年の夏の終わりのことでした。それも、CEOを引き受けてくれないかという直接的なものではなく、オーナーのパートナーとして経営に参加していただけませんかというような誘い方だったと思います。

オファーを受けた候補者は、さらに一年以上かけて検討し、最終的に「YES」の返事をもらったのは、二〇一〇年の暮れのことでした。ただし、当時勤めていた会社でも要職に就いていたため、転職もそう簡単ではありません。仕事を後任に引き継ぐのに約半年を費やし、企業グループのＣＥＯに就任したのは、翌年の初夏のことでした。

最初に会ってからここまで、丸八年の歳月が流れていました。ずいぶん長いなと思うかもしれませんが、通常、役員クラスのスカウトにも三年くらいはかけますので、トップの案件としては妥当な長さだと思います。三十代や四十代のビジネスマンをスカウトするときは、十年以上かけてじっくりと進めることも少なくないというのは、前述したとおりです。

エグゼクティブの転職は、スカウトの対象となるビジネスマンはもちろん、クライアントにとっても失敗することはできません。だから、このくらいの慎重さが必要となるのです。

ちなみに、このケースで転職を決断する決め手となったのは、最終的には候補者の向上心でした。実際、報酬はかなり減りました。それでもあえて転職に踏み切ったのは、より大きな組織の経営を担いグローバル化を指揮することで、さらに自分を成長させたいと考えたからでした。逆に言えば、プロ経営者を目指すような人材は、自分の成長にそのくらい貪欲だということです。だから、自分を高められるような環境に身を置くチャンスは逃しません。

彼の働いていた会社は世界的な名門企業で、そのなかでも相当なレベルの経営幹部を務めていました。しかし、新興の企業グループとはいえ総計数万人もの従業員のリーダーとなることは、魅力的なチャレンジだったに違いありません。もちろん、ここで言うリーダーとは、これまで何度も述べてきたとおり、立場こそＣＥＯであっても、「傍を楽にする」ことで下から人を支えるタイプのリーダーです。

もう一つ、彼を突き動かしたのは、これまでの豊富な海外経験を最後は日本のために活かしたいという強い意志でした。また野球のたとえになって恐縮ですが、大リーグで二十億円を超える年俸を提示されたといわれる黒田博樹投手が、それを蹴って五分の一の年俸で古巣の広島カープに戻ってきたのと同じような気持ちといえば、判りやすいでしょうか。

定期的に彼と面談を重ねてきて、そういう熱意が育ってきたことが最大の成長点だったと思います。そして、だからこそ私としてもスカウトに本腰を入れたのです。


余談ですが、スカウトの対象となった人物が残務整理と引き継ぎをしている最中に東日本大震災が起こりました。地震の揺れもさることながら、千年に一度の大津波と福島第一原発の事故、さらに災害への対応や原発事故の処理に当たった当時の民主党政権のさまざまな不手際により、日本は戦後最大の危機に陥ってしまいました。

私としては、転職にも何らかの影響が出ることを懸念したのですが、彼は少しも動じた様子を見せずに、スケジュールが変更されることはありませんでした。

考えてみれば、グローバル企業というのは文字通り世界中でビジネスを展開しているわけですから、災害、戦争、テロ、その他思いもよらないアクシデントなど、常に世界のどこかで危機にさらされています。従って、危機管理も常に意識しなければなりません。この時は図らずも、そういう心構えを垣間見た気がしました。

プロ経営者は駅伝のランナー

その後、彼は予定通り企業グループのCEOに就任し、グローバル化に向けて辣腕を振るい始めました。

しかし、われわれ縄文アソシエイツはこれで仕事がお終いだとは考えません。クライアントにもスカウトしたエグゼクティブにも、何かプラスの付加価値が生まれて初めて仕事が完了するというのが、私たちのスタンスです。転職して三年くらいたってどちらからも「紹介してもらってよかった」といわれるようなヘッドハンティングを目指しています。

そのためにはアフターケアが欠かせません。クライアントと経営を任されたエグゼクティブの双方と定期的に会い、いろいろな話を聞いて現状を把握すると同時に、不満などがあれば、私たちなりにその解消にも努めています。

すべては企業を継続させ発展成長させるためです。プロ経営者というのは結局、そのためのタスキを受けとるランナーだといえるでしょう。

継続性のある企業経営は、まさに駅伝のようなものだと思います。何人もの経営者がタスキをつないで五十年、百年と企業として存続させていく。その間、自社の経営状態の浮き沈みはもちろん、経済・社会状況や国際情勢の激変など、さまざまなことが起こるに違いありません。

それは駅伝で言えば、上り坂なのか、下り坂なのか、平坦なのか、天気は晴れているのか、雨が降っているのか、風は強いのか、悪路を走っているのか、それともアスファルトの上なのか——ということです。

これまではオーナー経営者や内部から昇格してきたサラリーマン経営者、経営状況が危機的な場合などには銀行など外部からやって来た経営者が、それぞれタスキを受けて走ってきたのですが、それをプロ経営者に任せるようになってきたというのが、ここ数年日本で起こっていることです。

ならば、なるべく適任のプロ経営者に走ってもらいたい。クライアントはみなそう考えるはずです。そのためには、まず会社がどんな状況に置かれているかを的確に判断する必要があります。当然、クライアントサイドからの要望もいろいろあるでしょう。会社の発展レベル、山あり谷ありの経営環境、オーナーとの相性など、さまざまな要素をうまく整理して最適なランナー候補を探し出す、そこが私たちの腕の見せ所でもあります。

こうしたプロセスを経てスカウトされたプロ経営者に課せられた使命とは、自分が任された区間で最高の仕事をこなして企業をさらに発展させることです。そして、企業が新たなステップに到達した段階で、その分野が得意な次のプロ経営者にタスキを託す——。

こう述べていくと、使い捨てられているみたいで、何だかプロ経営者というのは割に合わないと感じるかもしれません。しかし、それを含めてのプロフェッショナルではないでしょうか。一つの企業をある段階まで発展させたプロ経営者は、別の企業へ移って経営手腕を発揮すればいいのです。

起業の分野で自分のアイディアと行動力で、いくつもの企業を立ち上げる「シリアルアントレプレナー」という人たちがいます。最近では、ペイパル（インターネット決済）からテスラモーターズ（電気自動車）、スペースX（宇宙事業）などのベンチャー企業を相次いで立ち上げてきた米国のイーロン・マスク氏などがその代表格です。

同じようにプロ経営者というのは、企業を一定の段階から次のステップに発展させることを「シリアル」に成し遂げる人材だと言えるでしょう。自分が任された区間で最大限の成果を上げ、それに固執することなく次の会社に移り、前回を上回る成果を目指す。そういう「経営の職人」ともいうべき気質も、プロ経営者には必要だと思います。

ただし、実際にここまで達観できるのは、まさにプロ中のプロともいうべき経営者です。実は多くのプロ経営者候補は、自分がどういうタイプの経営者なのか、そして、どういう区間のランナーに向いているのかということを、ハッキリと分かっているわけではありません。

そもそも多くの候補者は皆、「五％ビジネスマン」どころか〇・一％を切るくらいの次元の人材ですから、オールラウンダーでたいていの業務は相当高いレベルでこなします。もちろん、リーダーとしての十分な適性も備えており、しかも、自信に溢れた人たちです。だから、何でもできますということになるのですが、私たちとしては当たり前のレベルで、そつなくこなせるというのでは困ってしまいます。

プロ経営者に課せられるのは、グローバルな競争に勝ち抜くことです。野球でいえば、大リーグで通用する日本人選手をイメージしてもらえば分かりやすいのではないでしょうか。日本国内で一流というレベルにとどまらず、得意分野の能力は大リーグでも群を抜いていると評価されるくらいであることが求められます。

クライアントとしては、自分の会社の現状に一番ピッタリとくる人材に、グローバルなレベルでも一流の能力を最大限に活かして働いてほしいと考えています。だからこそ、安心して会社を任せようという気になるのです。

私たちも候補者の経歴を綿密に分析したうえで面接を繰り返し、その人物に自分の得意分野を自覚させ、それをさらに際立たせるよう促します。さらに、「こういう急な上り坂はあなたでなければ走れない」とハッパをかけて、チャレンジ精神を引き出すことも忘れません。

反面教師としての斎藤道三

若いビジネスマンには、プロ経営者となるのは自分の城を築くことだと誤解している人もいるようです。だから、自分が発展させた会社を次の人に引き渡すのではなくて、なるべく長く社長の地位に留まろうとする。場合によっては、ファンドと組んだり、創業者一族の一部を抱き込むなど、さまざまな手練手管を駆使して会社の乗っ取りまで企む。そうなるとまさに下克上です。

戦国時代、この下克上の代名詞と言われる人物がいました。「マムシ」の異名を持つ斎藤道三です。

油売りの行商人から身を起こした道三は、美濃国（現在の岐阜県）の守護を務めていた土岐氏に取り入ると、次々と謀略を企て、主家や仲間を裏切り、時には巧みな説得により敵対勢力を懐柔するなどして、美濃一国の大名にまで成り上がりました。まさに、時代を代表する梟雄《きょうゆう》なのですが、司馬遼太郎さんの名作『国盗り物語』（新潮文庫）をはじめとして、近年の歴史小説ではなかなか魅力的な人物として描かれていることが多い。

それは道三自身が商人の出だったこともあり、領内で楽市楽座を開いたり、街道を整備するなど、相当ビジネスマインドに長《た》けた人物で、現代人の共感を得やすかったからだと思います。

さらに、道三は織田信長の非凡な才能をいち早く見抜いた人物でもあります。若い頃は「大虚《おおうつ》け」と言われ、身内からも忌み嫌われていた信長は、道三との最初の会見に当時、南蛮渡来の最新兵器だった鉄砲を装備した護衛を引き連れ、まげを結わず半裸というふざけた恰好で現れます。ならば我らも正装でなくてもいいだろうと道三一行が油断したところに、信長が会見の席には正装で登場したので、これに驚かされた道三は思わず「我が子たちはあのうつけの馬をつなぐようになるであろう」と呟いたといいます。このシーンは、信長の伝記である『信長公記』の見せ場の一つとなっています。

このように戦国時代最大のヒーローである信長のストーリーに欠かせない登場人物であることも、どう見ても大悪人としか思えないこの人物が好意的に描かれる理由の一つかもしれません。

話がやや横道にそれましたが、現代の経営者のなかにも時々、斎藤道三のような野心的でアグレッシブな人物がいます。様々な手練手管で会社のオーナーを追い出して実権を握り、さらに敵対的なM&Aを繰り返して、大きな企業グループを築き上げるようなタイプです。

私個人としては、こういう貪欲な経営者を否定しませんし、場合によっては経済を活性化させるためにも必要な存在だと思います。

ただし、この手の人材をスカウトするかと問われれば、答えは「NO」です。

企業経営を駅伝にたとえて述べてきたことからも分かると思いますが、私は企業の継続性が何より重要だと考えています。もちろん、ただ長く続けばよいというわけではありません。経営状態や企業を取り巻く環境を吟味して最適の経営者を選び、最良の経営を目指すべきです。

一方、斎藤道三のような梟雄タイプの経営者は、一代限りとなるケースがほとんどです。その人が元気なうちはいいのですが、病気になったり死んでしまったりして、その人がいなくなると途端に経営が悪化し、たいていその後数年で潰れるか、買収されるかということになってしまう。

経営者にとって引き際は非常に重要になってきます。エゴの強いトップは引き際を見極められず、いつまでも自分が前面に出ようとする。そのため、後継者が育たない、あるいは有能な後継候補がいたとしても、その人を抜擢せず潰してしまうことすらあります。さらに、後継者選びのゴタゴタが内紛に発展することも珍しくありません。

斎藤道三も晩年、出家して家督を長男に譲ったものの、形ばかりで実権を手放そうとしなかったために、結局は内輪もめとなり、親子の血で血を洗う争いに敗れて、討ち死にしてしまいます。そしてその後、十年ほどで斎藤家は実質的に滅ぼされ、美濃を織田信長に奪われてしまいました。

よく知られているとおり、道三と信長は義理の親子の関係にあり、長男との内紛の中で道三は信長に美濃を譲るという書状を書いたとも言われています。だから、義理の息子の信長が美濃をついだという見方もできるでしょうが、長男に追い込まれて窮地に陥らなかったら、そんなことをしたかどうかは疑問です。むしろ、反抗した長男を殺して家督をその弟に継がせ、院政を確立して力を蓄え、信長が支配する尾張を含め隣国の領地を奪い取るくらいのことは企んでいたのではないでしょうか。

重要となるオーナーの役割

本章では、ここまでプロ経営者とは何かについて、より具体的に理解していただくために、私たちのスカウト経験に基づいて説明してきました。

私は、プロ経営者とは結局、企業を発展させ継続させるために、自分を捨てて経営に取り組むことができる人材だと考えています。しかも、一つの成功に固執することなく、企業のステージが次の段階に変わるときには、より適任となる人材に経営を譲り、自分はまた他の会社で新たな挑戦に取り組む。それを繰り返すなかで自己を鍛錬し、経営者として、リーダーとしての能力をより高めていって、「プロの中のプロ」という次元にまで達する。この「経営の達人」がどういうものなのかについては、第3章で述べたいと思います。

そういう「経営者道」のようなもの、さらには私が重要視する「企業の継続性」ということを考えたときに、もうひとつ重要になってくるのは、オーナーの役割です。オーナーはいわば、プロ経営者のパートナーというべき存在だといえるでしょう。もちろんプロ経営者を社外から招いて経営を任せるのは、オーナー企業だけではありません。しかし、オーナーがいない場合でも、特定の人物、もしくは社内組織が、株主や従業員を始めとするステークホルダーをまとめ上げて意思決定しているはずです。そういう存在が実質的なオーナーだと言えるでしょう。

本章で述べてきた実例では、企業オーナーはプロ経営者がCEOに就任する前に、経営には一切口を出さないことを約束していました。社長業からは身を引くということです。ただし、ガバナンスは自分が受け持つということでした。つまり中長期的に企業価値をどう高めるのかということは、オーナーが決めていくということです。

前述したとおり、この企業グループにとって現在の最大の課題は、グローバル展開の基礎固めをすることですから、外国での勤務経験が長く、海外でのM&Aのみならずグローバル企業の人材育成や管理にも詳しいこの人物は、まさに適任だったわけです。彼にその能力を最大限に発揮してもらい、組織の大改革を進める間、オーナーはその進行具合を見守ると同時に、次の展開にあわせてどういうタイプのプロ経営者に任せるべきなのかをじっくりと検討しているのです。

この企業グループのみならず、同じようにプロ経営者と目される人材を招いたサントリーのオーナーであれば、新浪剛史氏にどこまで任せるのか、その次はどうするのかということを考えているだろうし、原田泳幸氏を招いたベネッセも同様だと思います。

なかには本命のプロ経営者は別にいて、その人を口説き落とせるまでのつなぎとして一時的に経営を任せるというケースもあるでしょう。その場合、本命に至るまで、何代かの候補者を想定しておかなければなりません。

継投で逃げ切りを図るときのプロ野球の投手起用のようなものです。先発は何回まで投げさせ、中継ぎは誰、ワンポイントリリーフは誰で、どう抑えの切り札につなぐか、もしも延長戦になる場合はどうする――ということを、ピッチャーではなくプロ経営者に置き換えてもらえれば分かりやすいと思います。しかも、長くても三、四時間で終わる野球の試合ではなく、十年とか二十年くらいのスパンで、その間のさまざまな変化を考慮に入れながら組み立てていかなければなりません。その意味で、ガバナンスを担当するオーナーは、前線に立って業務の執行を行うプロ経営者とは別の次元で難しい役割を果たさなければならないのです。

私が懇意にしているある企業オーナーはガバナンスについて、次のように述べています。

「コーポレートガバナンスとは一言でいえば、経営者を交代させることだ」。権力が集中するＣＥＯの暴走は誰にも止められません。だから、ＣＥＯを辞めさせる機能がない会社は危険だということになります。

その機能をオーナーが担うのか、それとも何らかの組織を社内につくるのか、いろいろなケースがあると思います。いずれにせよ、いざという時のブレーキが強力であれば、安心してアクセルが踏み込め、ＣＥＯは自分の判断でスピーディーに経営することができる。そして業績を含め、いよいよおかしいという時には、ガバナンスを機能させ経営者を交代させます。ただし、ガバナンスにも暴走はあり得るので、ＣＥＯを辞めさせる基準は明確にする必要があるということです。

もちろん、業績悪化など悪いケースばかりではなく、プロ経営者がＣＥＯとして一定の成果を上げ、企業が次のステージにワンランクアップした場合にも、駅伝のタスキを引き継ぐ形でＣＥＯが交代するということになるのは、本章でこれまで述べてきたとおりです。

現在、多くの企業で経営とガバナンスの分離が取り入れられていますが、その本質を実に的確に捉えていると思います。

そして、こうした流れのなかで、経営とガバナンスの双方と、ＣＥＯの選任段階はもちろん、その退任に至るまでじっくりとお付き合いしながら、グローバル競争に向けた日本企業の強化に役立つというのが、私たち縄文アソシエイツに課せられたミッションだと考えています。

第2章　日本「生き残り戦略」の主戦場となるＡＳＥＡＮ

圧倒的な人材不足がグローバル化のネックに

前章では、プロ経営者がスカウトされ、実際に経営に携わるまでのプロセス、さらにプロ経営者が経営を任された企業で何をどう果たすのかについて、私の考えを述べました。プロ経営者のイメージがより鮮明になってきたのではないでしょうか。同時にその厳しさも理解していただけたと思います。

私が特に強調したいのは、プロ経営者は決して到達点ではないということです。むしろ、スタート地点であり、そこからさらに自分を鍛錬してより上級のプロ経営者を目指さなければなりません。そういうプロ経営者、またプロ経営者を目指そうというビジネスマンがどんどん増えていくことで、日本経済は本当の意味で再生に向かっていくと思います。

現在、多くの日本企業もターニングポイントに立たされているといっても過言ではありません。「はじめに」でも述べたとおり、日本では人口減による国内市場の縮小が確実視されているため、各企業は海外市場を目指して、グローバル化に取り組まざるを得ない状況となっているからです。

この点について、もう少し詳しく説明しておきます。

二〇一四年、人口問題をテーマにした『地方消滅』（中公新書）という新書がベストセラーとなったこともあって、人口減少は地方の問題だと認識されがちです。しかし、より深刻な事態に陥るのはむしろ、首都圏に代表される大都市圏だということが分かってきました。その最大の原因は人口減少とともに進む急速な高齢化です。

元大蔵官僚で、人口問題のスペシャリストとして知られる松谷明彦・政策研究大学院大学名誉教授の著書『東京劣化』（ＰＨＰ新書）によれば、東京の高齢者は二〇四〇年には二〇一〇年と比べて百四十万人以上増加すると予測されています。高齢者対策に追われ、インフラの維持更新もままならなくなった東京では、各所でスラム化が進みます。さらに、国際間の大都市競争にも敗れ、文化や情報の発信力も急激に弱まり、世界でも二流の都市へと転落していくというのです。

東京は日本経済の司令塔ともいうべき存在です。その東京が劣化していけば、当然、日本経済、そして、日本企業にも大きなダメージを与えることになる。もちろん、これからの対策次第で、こうした悪い予測が現実のものとならない可能性もあります。そうしていかなければ、日本の未来が見えてきません。

最悪の事態を避けるための努力は当然のこととして、一方で認識しておかなければならないのは、人口減少は単に市場の縮小という問題に留まらず、われわれがこれまで土台としてきたことを根底から崩壊させてしまう恐れがあるということです。企業のグローバル化は、そこまで見据えたうえで、進める必要があります。

しかし、このままではグローバル化どころか、国際競争にすら加われないかもしれません。市場や生産拠点を求めて海外に出るとしても、事業自体はどう整理していくのか。具体的にはたとえば製造業であれば、海外で何をつくってどうやって売るのか、劣化し衰退の進む日本には何を残すのか——などをきちんと決めなければなりませんが、そのためには相当強い指導力を持ったリーダーの存在が不可欠です。

さらに、ヘッドハンターとしての私たち縄文アソシエイツの経験から言えば、こうした決断を下し組織の変革に取り組むリーダーとそれを引き継いで会社を安定成長させるリーダーは別の人物である可能性が高い。だから、変革後のことまで考えてタスキを引き継ぐ次のリーダー候補を探しておかなければなりません。しかし、リーダー不足の現在の日本で、適任となるような優秀な人材を見つけるのは容易なことではありません。

それ以上に難しいのは、経営を支えるスタッフをいかにして集めるかということです。グローバル企業と伍して競争するためには、たとえば財務の責任者には世界的有名企業のCFO（最高財務責任者）に匹敵する能力が求められることになります。さらに、営業、宣伝、人事などの各分野にも同程度のレベルの人間を揃えなければなりません。

こうして適任のリーダーと優秀なスタッフを揃えたうえで、組織を固めて相当戦略を練らなければ、グローバル市場で国際的な巨大企業と伍して闘っていくことはできません。どれほどの日本企業がここまでの意識を持ってグローバル化に取り組んでいるかはおおいに疑問です。その意味で、多くの日本企業は世界的な流れから取り残されつつあるように思えます。日本国内で大きなシェアを持つ巨大企業だからといって、安閑としてはいられません。

かつてＮＴＴドコモが開発した「ｉモード」で世界の最先端にあるといわれた日本の携帯電話が、あっと言う間に世界的な進化の流れに取り残されて、「ガラケー」と呼ばれることになったように、日本企業自体がガラパゴス化してしまうことが懸念されているのです。

近年の私自身の体験を通じても、そう実感することが少なくありません。

「残念な国」となった日本

私たち縄文アソシエイツは二〇一〇年、シンガポールに現地法人を開きました。当時、ＡＳＥＡＮやインドなどアジア諸国の経済的な台頭を背景に、日本企業の進出や事業の拡大が、にわかに活況を呈してきました。そんななかで現地の支社や事務所を運営する人材が圧倒的に不足していました。こうした需要に応えるため、さらに、将来プロ経営者候補となりそうな有能な人材をスカウトするために、私たちもＡＳＥＡＮの金融・経済の中心地であるシンガポールへと乗り込んだのです。

お陰さまで事業は順調に発展し、二〇一五年で五年が経ちました。この間私自身、数カ月ごとにシンガポールを訪れてきたのですが、最近こんなことがありました。

私はシンガポールでは、いつもだいたい同じホテルに泊まっています。近年、欧米系の五つ星ホテルが増えて、今では四つ星程度となってしまいましたが、かつては指折りの名門ホテルでした。

実は、今から三十年以上前、私が最初に勤めたメーカーで初めてシンガポールに出張したときに泊まったのが、このホテルだったのです。会社の規定ではもっとずっと格下のホテルに泊まるべきところだったのですが、何かの事情で他に予約できるホテルがなくて、まだ二十代だった私には不釣り合いな高級ホテルとなってしまったのでした。

空港から私を乗せたタクシーの運転手に行き先を告げると、ちょっと驚いた顔をしていたのを覚えています。多分、日本人はやっぱりすごいなと思う反面、「若造のくせに」という気持ちもあったでしょう。


しかし、今回の出張で、シンガポール・チャンギ空港に降り立った私が乗り込んだタクシーでは、運転手からこんな言葉をかけられました。

「ああそう、日本人なの。そうか、残念だったね。十年くらい前まではよかったのにね」

そもそも、どこから来たのと尋ねられたのですが、香港？　台湾？　韓国？　それとも中国本土から？　まさか、米国人じゃないよね？——と、次々と挙げられたにもかかわらず、なかなか日本が出てこない。日本の存在感も薄くなったもんだなと、つくづく実感させられました。それだけでもちょっとショックでしたが、挙げ句の果てに「残念だったね」と同情までされてしまい、もはや苦笑いするしかありませんでした。

もちろん、このタクシー運転手の反応が、すべてのシンガポール人を代表しているわけではありませんが、われわれ日本人が彼らから「残念」に思われても仕方がない、客観的な根拠があります。

二〇一四年時点で、シンガポールの一人当たりの名目GDPは米ドル換算で五万ドルを上回っているのに対して、日本は三万ドル台。〇七年にシンガポールがこの指標で日本を逆転して以来、リーマンショックの影響が色濃かった〇九年を除いては、すべてシンガポールが上回る状況が続いています。

現状の金融緩和のみならず、今後は日本の国力自体が相対的に低下していくことで、円は引き続き安くなる可能性が高いですから、この差はさらに広がっていくでしょう。

日本人は、依然として世界第三位の経済大国であるというプライドが捨てられないでいますが、諸外国はもはやそうは見ていないということをもっと自覚しなければなりません。GDPで日本が中国に逆転されたのは、二〇一〇年のことでしたが、この五年間の経済成長により、中国のGDPは日本の二・七倍にまで膨らんでいます。当然、その分アジア諸国の日本を見る目は変わっているということです。

ＡＳＥＡＮは日本経済の生命線だが……

中国といえばこんなことがありました。このシンガポール訪問の前の週には、大阪へ出張しました。ところが、どこのホテルに電話をかけても部屋が空いていないと断られます。

何か大きなイベントでもあるのかと尋ねると、中国人観光客が大挙して花見に訪れ市内のホテルのほとんどが押さえられているということでした。ちなみにこれは大阪に限ったことではなく、東京や京都でも同様の状況だったそうです。

二月中旬からの旧正月の期間に大挙して日本を訪れた中国人観光客の「爆買い」が、多くのマスコミに取り上げられ、大きな話題となりましたが、その勢いはお花見シーズンにまで拡大しているのです。

好むと好まざるとにかかわらず、膨張し続ける中国経済が、周辺国を飲み込もうとしていることを実感します。もちろん、わざわざ買いに来る相手に売らない手はありませんから、そこはキッチリと商売するとして、しかし、あまり中国の需要に依存しすぎることには警戒感を覚える人も少なくないでしょう。

歴史問題や尖閣諸島の領有をめぐる問題で、日中間の政治的な対立が続いています。日中双方のナショナリズムが露わになってきていることで、容易に解決しそうにありません。そんななかで日本経済が中国市場に頼り切った状態であれば、中国サイドが日本製品をボイコットすることで日本経済に打撃を与え、揺さぶりをかけてくることは十分に考えられます。

実際、二〇一二年九月に当時の野田佳彦内閣が尖閣諸島の国有化を閣議決定したことをきっかけに、中国各地で始まった反日デモでは、一部の参加者が日本製品の排斥を訴えながら、日系のスーパーマーケットや日本企業の工場、事務所、さらには日本料理店などを襲撃し、大きな被害が出ました。

二〇一〇年に尖閣諸島で起こった中国漁船衝突事件やその後の過激な反日デモにより、日本人の中国に対するイメージは悪化の一途を辿っていましたが、この事件がそのダメを押す形で、日本側の嫌中意識は頂点に達し、日中関係はさらに大きくこじれていきました。

それ以前から、賃金の高騰や労働争議の頻発を背景に、日本の経済界では「チャイナプラスワン」ということが言われていました。チャイナリスクを回避するために、中国以外の国や地域に工場などの生産拠点を分散しようという考え方です。それに加え、市場としても中国を代替するエリアへ進出しようという動きが、本格化していきました。

その候補地が、ASEAN諸国であり、インドでした。

特に総人口六億人、近年経済成長も著しいASEAN諸国は、地理的に日本に近いばかりではなく、戦前から日本と関係が深かったり、戦後の早い時期に経済関係を再開した国が多いこともあって、生産拠点としても市場としても「チャイナプラスワン」の大本命だと認識されています。中には「ＡＳＥＡＮは日本経済の生命線だ」という時代がかった大仰な言い方をする向きもありますが、あながち的外れとはいえないでしょう。

もちろん、私たち縄文アソシエイツのシンガポール進出も、こうした流れに沿ったものです。

日本の管理職を上回る現地エリートの給料

にもかかわらず、その大切なＡＳＥＡＮ進出が、うまくいっているとは言いがたい。主な原因の一つは、人材不足です。特に現地で経営幹部や管理職を担う人材が圧倒的に不足しています。

私が定期的にシンガポールなどのＡＳＥＡＮ諸国を訪れる主な目的の一つは、現地で優秀な人材をスカウトし、こうした日本企業の需要に応えることです。しかし、ここ数年はなかなかそれが難しくなってきています。その大きな原因は、報酬が高騰していることです。

スカウトの対象となるのは、以前であれば現地の、ビジネスの経験と知識が豊富な日本人が多かったのですが、現在ではＡＳＥＡＮ諸国やインドなどの出身者がメインとなってきています。

そういう現地の人材に共通するのは、グローバルに通用するキャリアを積んできているということです。それぞれの故国で名門といわれる大学を卒業した後、現在三十代の人であれば、米英の一流校でMBAを修了しているのは、ほぼ常識となっています。その後、欧米のグローバル企業に就職、数社を渡り歩いてキャリアアップするなかでASEAN諸国の担当となり、現地でのビジネスに必要な知識や人脈など様々なノウハウも体得、最前線でバリバリと活躍しています。

欧米のグローバル企業では、アジア系だからといって昇進や給与面で差をつけられることはありません。徹底した実力主義で処遇され、優秀な人材は早ければ三十五歳前後で日本の会社の部長級に該当するGM（ゼネラル・マネージャー）に就くケースも少なくない。そうなると報酬は最低でも日本円で二千万円以上というのが、現在の相場です。

それが四十代ともなれば、報酬は一気に跳ね上がります。私たちがスカウトのために面接した事例から「アジアの一流人材のお値段」をご紹介しましょう。

インドネシア人（四十二歳）

インドネシアの大学を卒業。ユニリーバを経て、英系石油会社に転職。ベトナム、インドネシア、タイのマーケティング責任者を務める。年収およそ三千万円。

インド人（四十三歳）

インドの大学および大学院を修了。インドでP&Gに入社し、同社在籍中に日本にも駐在。その後、ノキア、フィリップモリスなどを経て、ベトナムの食品会社のCEOに就任。年収はおよそ一億円。

シンガポール人（四十五歳）

シンガポールの大学およびイギリスの大学院を修了。シンガポールでプライスウォーターハウスクーパースに勤めた後、欧州系電機会社でリージョナルCFOに就任。年収は約五千万円。

中国人（四十七歳）

日本の大学を卒業後、ユニ・チャームに入社し、中国の営業本部長を務める。独立してコンサルタントとして働いた後、日系のエンタメ企業で中国総経理に就任。年収およそ三千万円。

どの人も同年代の一般的な日本企業のビジネスマンと比べて、かなり高給であることに驚いたのではないでしょうか。もはや、経営幹部の報酬は東南アジアが日本を上回ってきています。

　経済成長に伴い個人消費が伸びてきているASEAN諸国では、日本企業ばかりではなく、台湾、韓国、中国などのアジア企業、さらに、欧米のグローバル企業が市場を奪い合って鎬《しのぎ》を削っています。そんななかで前述したような一流の人材は引く手あまたとなり、報酬も跳ね上がっているのです。

日本企業特有の事情も

　しかし、この人材の争奪戦で、日本企業の旗色はあまり良くない。欧米のグローバル企業のような高給が出せないのがその理由ですが、背景には日本企業に特有の事情もあります。前述したとおり、そもそも日本にはかなり以前からASEAN諸国に進出している企業が少なくない。タイの首都バンコク辺りでは、現地支社や事務所開設四十周年だとか五十周年という会社をよく見かけます。

　こうした企業では、支社長や管理職のほとんどは本社からやって来た日本人が務め、さらに支社長は本社で言えば部長級、事務所長なら次長級、それぞれの部門の責任者は課長級に該当するなど日本の職制がキッチリと持ち込まれています。その一方で、現地雇いの社員は現地人はもちろん、日本人であっても本社との人的交流はほとんどなく、現地独自の昇進・

給与体系で処遇される――というやり方が長年踏襲されてきました。

そういう企業文化のなかで、いくら優秀でグローバルに通用するキャリアがあるからといって、三十五歳の現地人を年間二千万円の報酬でＧＭクラスの管理職として雇うことは難しい。その額だと日本では本部長クラスの報酬で、現地の支社長や事務所長を上回っている可能性が高く、当然、そんな額はとても払えないということになってしまうに違いありません。どうしても必要な人材だということで、特例という形にして何とか関係者を説き伏せたとしても、今度はすでに雇われている現地人たちが納得しないでしょう。

その多くは、タイであれば国立のチュラーロンコーン大学、インドネシアであれば国立インドネシア大学などそれぞれの国の名門校を卒業した人材で、現在四十代から五十代。日本への留学経験がある人も少なくない。彼らが学生だった一九七〇年代、八〇年代にはまだ、欧米の一流校でＭＢＡを取得するというのは、一握りの特権階級や超エリート以外には考えられない時代でした。

二十代で日本企業に就職した彼らの給料は、本社からやって来る日本人と比べて安く、待遇も恵まれたものとは言えませんでした。たとえば、日本では課長クラスの人が駐在員として年収一千万円だったとすれば、彼らの年収は同年代で半分から多くても三分の二程度だったと思います。しかも、昇進についてもあくまでローカル採用扱いで、同年代の日本人社員とは平等ではありませんでした。

それでも、現地の給料よりはかなり高く、さらに、当時は日本企業で働くことは現地でもステイタスだったこともあって、彼らはそれなりのプライドを持って働いてきたのです。にもかかわらず、今度入ってくる若造がいきなり自分の上司となって、自分の何倍もの給料が払われると知ったならば、不満を爆発させるに違いありません。場合によっては、彼らの〝反乱〟により、業務に大きな支障をきたすことすら懸念されます。

これは私自身の体験から実感したことですが、日本企業の支社や事務所に長年勤務してきた現地人スタッフは、年功序列や終身雇用など日本型雇用システムに慣れ親しんでおり、そういう面では日本人より日本的な人が少なくない。それがこれまでは支社や事務所をうまく維持・運営するうえで、大きな助けになってきたことも事実です。現地の日本人幹部もそれをよく知っているので、いかに優秀な人材であっても、なかなか高給を払ってまで雇おうとしません。

売上は伸びてもシェアが下がってジリ貧に

一方、ASEAN諸国の市場を自社にとっても死活的に重要だと認識している日本企業の経営幹部は少なくない。なんとしても売上を伸ばすために、人的なテコ入れをしたいと考え、私たちに相談が持ち込まれることがあります。こういったオファーに応じて現地法人に赴き、人事に関してさまざまなアドバイスをすると同時に、現地の状況を分析するのも、私が定期的にシンガポールやＡＳＥＡＮ諸国へ出張する大きな目的の一つです。

多くの支社長や事務所長は、私の説明に納得してくれるものの、ならば大胆な採用など人事面の刷新が実行できるのかというと、それは難しいと途端に尻込みしてしまいます。

もちろん、現状の戦力で戦い続けるという選択肢もあるでしょう。実際、多くの日本企業では、ここ数年ＡＳＥＡＮ市場での売上は伸びてきています。それらの企業の多くは、ＭＢＡを持ったビジネスマンを高給で雇っているわけではありません。だから、この点だけ捉えれば、そういう人材は必要ないという理屈も成り立つかもしれません。

しかし、数字を子細にみていくと、市場全体の成長率が売上の伸び率を上回っていることが多い。つまり、売上は伸びていても、シェアはドンドン縮んでいるということです。これでは、やがてジリ貧に陥ってしまう。

欧米のグローバル企業をみていると、優秀な人材をズラッと揃えたうえで、彼らを競わせて、勝ち抜いた人はドンドン昇進させるというやり方をとっています。その結果、前述したような高額の報酬を得る一流の人材が育ってくるわけです。

こうした選抜のプロセスでは優秀な人材同士の熾烈な競争が繰り広げられることになります。それにより達成される成果に、日本企業が旧態依然としたやり方で対抗するのはかなり難しい。

現在のところ、先行してＡＳＥＡＮ市場に進出していたメリットがあったり、分野によっては製品自体の優位性が依然として保たれているため何とか勝負になっていますが、そういう状態をいつまで維持できるのかは大いに疑問です。世界中を席巻していたテレビ等の日本の家電製品が、あっと言う間に韓国や台湾製品の後塵を拝するようになったことを忘れてはなりません。

中堅企業はプロユースの高級品生産に徹するべきだ

日本企業でも日立製作所などはグローバル展開を意識し、二〇一三年度から世界同一の人事評価制度を導入するなどして、グローバル人材の確保を図っています。また、ＬＩＸＩＬでも同様の評価制度づくりを急いでいます。この流れが進んでいけば、日本企業の組織や報酬のあり方も大きく見直されることになるでしょう。

売上数兆円規模の巨大企業であれば、こうして何とかグローバル展開に向けた対応を取ることもできます。しかし、これが売上数百億円くらいの中堅企業だと、相当厳しいことになる。

たとえば特定の医療器具や家庭用品などを扱うこのくらいの規模のメーカーが、国内市場が縮小してきたことに危機感を抱き、ＡＳＥＡＮ諸国へ進出したとします。すると、現地で彼らのライバルとなるのは、グローバル展開している巨大企業のヘルスケア部門や日用品部門で、同じような商品を扱うセクションとなります。日本では課に相当するくらいの規模で、陣容としてはそれほど大きくないでしょうが、そこに投入されているのは、欧米のビジネスで十分な経験を積み上げ実績を上げたうえに、現地のマーケティングや流通の仕組みに精通した人材です。しかも大資本を背景に、宣伝広告も大々的に打ってくるでしょう。

これに対して、日本企業にはそこまで現地の事情に通じた人材はいません。そもそも、海外ビジネスの経験もほとんどない。しかも、資金も乏しいとなれば、どうやってグローバル企業に対抗すればいいのでしょうか。一流の人材を雇おうにも、彼らがもらっている報酬はこうした企業では本社の社長並みになってしまいます。それでは、とても無理です。

結局、海外へ出てはみたものの、全く勝負にならず数年で撤退ということになってしまうことは必至です。中堅、中小企業の層の厚さが日本経済の強みだといわれてきましたが、グローバル展開を求められる時代には、それが裏目に出ることになってしまいかねません。

一つの生き残り戦略としては、日本に残り、日本人の得意な精緻な加工技術を活かして、〝手工芸品〟のような製品を生産していくという道があると思います。それを一般消費者ではなく、プロユースの高級品として売り出すのです。

後発の企業に生産技術をコピーされ価格競争に晒されて、製品の利幅が極端に薄くなることを「コモディティ化」といいますが、日本の製造業はもはやそういうコモディティ化したた製品で競争すべきではないというのが私の考えです。

もちろん大企業についても、日本で生産する製品については、コモディティ化していない高付加価値のものに特化するべきでしょう。

ASEANで企画・生産した製品を世界で売る時代

前述したとおり、私は人材育成の観点からもASEAN市場に注目しています。特に序章で述べたプロ経営者の候補である五％ビジネスマンが成長していくプロセスで、ASEAN市場は重要な役割を果たすと考えています。

それはまず第一に、現地の一流の人材が彼らのよきライバルとなるからです。日本の閉鎖された環境では、ある世代で優秀なビジネスマンをピックアップしてみると、いつも同じようなメンツになってしまうということがよくあります。五％ビジネスマンやプロ経営者候補のレベルに達した人材とはいっても、固定化して競争が起こりにくくなれば、自己鍛錬だけでそれ以上成長することは難しい。

一方、ASEAN市場ではグローバル企業に勤める一流のビジネスマンが鎬を削っています。しかも、常に新しい人材が世界中から入ってくることで、必然的に競争はドンドン厳しいものとなります。そんななかで切磋琢磨した経験は、日本の五％ビジネスマンを一回りも二回りも大きく成長させるに違いありません。

もう一つ人材育成という観点から注目すべき点は、ＡＳＥＡＮの支店や事務所であれば、かなり大きな規模のビジネスを自らの裁量で進められることです。

日本では経営陣の中にも年功序列があり、上が詰まっているのが現状です。何かプロジェクトなどを任されたとしても、箸の上げ下ろしまで、いちいちお伺いを立てなければならず、なかなか経営者候補としての修業ができない。

もちろん重要事項については、本社の判断を仰がなければなりません。しかし、お伺いを立てるべきかどうかを自分で決めることで、ビジネスのスピードを速めるのと同時に、自分の裁量が及ぶ範囲を広げていくことができます。

そもそもＡＳＥＡＮ諸国は生産拠点として注目されてきました。本社で企画開発された製品を安い労賃で製造し、日本や欧米諸国など先進国市場で売ることで利益を上げてきたのです。

しかし、近年ではビジネスモデルが大きく変わってきています。ＡＳＥＡＮ諸国の拠点で独自に企画開発した商品を、現地で生産して現地で売ることから始まり、いまでは先進国市場を含めて、世界各国で売るようになっています。

それに伴い、現地の経営幹部の役割も大きく変わってきています。以前であれば、生産部門の中間管理職が本社から赴任してきて現地工場の責任者を務めてきたのですが、今では生産ばかりではなく、開発、営業、マーケティング、広報・宣伝、財務、経理、人事など様々な分野に通じていなければ、現地の経営幹部の役割を果たすことはできません。ほとんど企業経営者のような役割が求められているのです。プロ経営者候補となる五％ビジネスマンには、まさにうってつけの仕事ではないでしょうか。

日本企業の内向き志向を打破するために

辺境、すなわちフロンティアが強いリーダーを育てるというのが私の持論です。

後に社長を務めることになる人材が、若手中堅社員の時代にどこで過ごしていたのかを調べてみると、戦後のある時期までは米国、あるいはヨーロッパなど海外赴任を経験していた人が圧倒的に多かった。

これに対して、バブル崩壊を経てこの二十年ほどは非常に内向きになっていて、本社のエリートコースに乗っかって、国内のメインストリームだけのキャリアで順調に出世してきた人がほとんどです。

欧米諸国が辺境なのかと疑問に思うかもしれませんが、日本企業に今のような製品力もなければ、資金力も、国としての信用もない時代の話です。

自らレンタカーのハンドルを握り、泊まるのは安モーテル、食事はハンバーガーやホットドッグばかり。それで米国中をまわって、安かろう悪かろうの日本製品などいらないと断られ続けながら自社製品を必死に売り込んだ——。

かつてはそんな経験をした日本人ビジネスマンは少なくなかった。ヨーロッパでも状況は似たようなものだったと思います。

日本が本当の意味で先進国として一目置かれるようになったのは、一九八〇年代以降の話です。だから、それ以前の海外駐在には多くの困難が伴っていました。逆にそんな環境で必死になってビジネスに取り組んだことが、リーダーとしても経営者としてもその人物を成長させる大きな要因になったといえるでしょう。

しかし、前述したとおり、九〇年代に入って企業が内向きになったことで、フロンティア精神は失われてしまいました。もちろん、そのなかからも優秀な人材は出てきてはいますが、そういう人はバブル時代やそれ以前の日本企業にまだいろいろな意味で元気があった時代に積んだ経験を活かしているケースが多い。その意味では、過去の遺産に頼っているようなものではないでしょうか。

だから、本当の意味で人材が払底してくるのは、そういう遺産のない八〇年代以降に社会人になった世代が、経営トップを担う、これからということになると思います。本書の冒頭で、伝統ある大手企業ですら社長候補を育てられなくなっているとと述べましたが、こうした現象がまさに私の懸念を裏付けているのではないでしょうか。

人材育成にうってつけの中国市場

一方、現在、グローバル化の波が日本企業に迫るなかで、これまでの内向きの姿勢は急速に修正されようとしています。「チャイナプラスワン」という形でＡＳＥＡＮが重要な市場として浮上してきていることはすでに述べたとおりですが、同時にそれは日本企業にとって失われたフロンティア精神の復活になる可能性もあります。

将来、経営を担うような有能な人材を率先して送り込んで、グローバル企業との競争の最前線で切磋琢磨させることが重要です。

ここで、一つ強調しておきたいことは、ＡＳＥＡＮ諸国だけではなく、インドを中心とした南アジア、さらに中国を含めたアジアの広い地域がこのフロンティアになりうるということです。

この十数年で急速な経済発展を遂げたインドは、二〇二〇年代の終わり頃には中国を抜いて人口が世界最多になると予想されています。その後も人口は増え続け、隣接する周辺のパキスタン、バングラデシュと合わせれば総人口二十億人以上に達する見込みです。

中国については、「チャイナプラスワン」という言葉が誤解され、一人歩きしているのではないでしょうか。あくまで「プラスワン」なのであって、中国市場を完全に捨てて他を探そうというわけではありません。

もちろん、貧富の差や官僚の腐敗、環境汚染など国内に様々な矛盾を抱えている中国が、一部の欧米金融機関が予測するほど、順調に経済成長していくとは思えません。短期的には停滞期を迎えたり、混乱状態に陥ることもあるでしょう。しかし、中長期的に見れば、日本の数倍もの規模を持つ経済大国となることは確実です。

その時に中国に飲み込まれることがないようにするためには、日本が経済的にも政治的にもしっかりとした国である必要があります。そう考えれば、むしろ目の前にある巨大市場を見逃す手はないでしょう。もちろん、対中関係には常に政治的なリスクが横たわっている以上、過度の依存には十分に注意しなければなりませんが、中国市場からきちんと利益を上げられるような体制をつくっておくことは、企業のみならず日本がグローバル競争で生き残るための必須条件です。

その意味では、中国市場はASEAN市場以上に過酷なフロンティアだと言えるでしょう。そこで勝ち抜くためには当然、優秀な人材を送り込まなければなりませんが、場合によっては〝討ち死に〟してしまうかもしれません。一方、うまく切り抜けて成長すれば、スケールの大きなリーダーに成長する可能性もあると思います。

アジアのエリートがあなたの上司に

すでに述べたとおり、アジアのフロンティアは、現地出身の優秀な人材をスカウトする場でもあります。もちろん、現地の事情に詳しい欧米人のビジネスマンがスカウトされることもあるでしょう。現在のところ、多くの企業では彼らを雇い入れる場合、グローバル企業の相場に合わせて給与水準は日本人スタッフより高く設定されるものの、雇用条件は必ずしも日本人と同じではありません。

勤務はフロンティア市場の現地法人などに限られるケースが多く、本社で経営幹部になることはほとんどありません。しかし、今後はこうした状況も大きく見直されていくでしょう。たとえばＡＳＥＡＮ市場で雇われた人間が、本社の経営幹部として登用されることが当たり前になるかもしれません。つまり、あなたの上司がアジア系の外国人になるということも十分に考えられるのです。一方、フロンティア市場への異動も頻繁に起こるようになる。こうした流れは、日本企業のホワイトカラーのあり方を大きく変えていくに違いありません。

そもそも、日本では大企業を中心に中間管理職が手厚く処遇されてきました。終身雇用を前提として、結婚、住宅の購入、子どもの高校・大学への進学など、人生の節目節目にあわせて年功序列で昇進・昇給し、多くの社員は四十代半ばから五十歳くらいで、業界によって額に差はあるものの、八百万円から一千二百万円くらいの年収に達します。

二十代、三十代の社員がいくら業績を上げても、いきなり、部長に抜擢されたり、給料が四十代の社員を上回るということはありません。また、中間管理職の競争に勝ち抜いて五十代で役員に昇進したとしても、給料がそれまでの二倍、三倍にアップするわけではありません。

かつて、日本企業では社長の手取り年収は新入社員の十倍程度といわれました。最近ではその倍の二十倍くらいにはなっているかもしれませんが、米国では数百倍の差はざらですから、多くの日本企業が依然としてかなり平等な組織だということが分かります。

私は、個人プレーより全員が協力しチームプレーで闘うのが得意な日本企業のあり方自体は悪いとは思いません。むしろそこが日本の強みだと評価しています。しかし、それにより適切な競争や選抜が行われず、強いリーダーが育ちにくくなっていることも事実です。安易に新自由主義的な優勝劣敗を正当化する気はありませんが、グローバル競争を勝ち抜くということを考えれば、現在の日本企業のやり方は悪平等と言わざるを得ないと思います。

何度も述べているとおり、日本市場が縮小するなかで海外に市場を求め、グローバルな競争に打って出なければならない以上、今後、日本企業の組織や人事制度も欧米のグローバル企業に近づいていくことになるでしょう。当然「五%ビジネスマン」の給料は大幅に引き上げられることになります。

ややや、乱暴なのは承知のうえでその具体像を述べれば、三十代半ばで部長クラスとなり年収二千万円を超える将来の経営幹部候補が出てくる一方で、多くの社員は昇進しても課長止まりの中間管理職として、よほどの専門性がない限り、年収は生涯これまでの半分の四百万円から六百万円程度に抑えられることになります。

しかも、任地は必ずしも日本とは限らない。市場が縮小するわけですから、日本にいても仕事がない。ＡＳＥＡＮ諸国はもとより、中国、インド、中東諸国、果ては遠くアフリカに赴任しなければならないかもしれません。いずれにせよ、大企業の雇用環境も現在とは比べものにならないほど厳しくなることは確実です。

近年、日本企業では若手社員を中心に、仕事よりプライベートの充実を求めるという風潮があります。昇進や昇級はそれほど望まず、そこそこ働いてある程度の給料をもらえればいいというわけです。しかし、それはあくまで五十歳くらいになれば、多くの社員が一千万円前後の年収がもらえるということが前提となったものだと思います。

いわゆる「失われた二十年」の間に、正社員の労働が派遣労働に置き換わって一部の職種がなくなってしまったように、今後比較的短い期間でこれまでのような恵まれた中間管理職は消えていくことでしょう。そうなれば、仕事よりプライベート優先などと悠長なことは言っていられません。

序章で、企業組織における人材の割合について「二対六対二」だと説明しました。優秀な人材二割、中くらいの人材六割、ほとんど使えない人材二割という意味です。

これまでは、入社後五年とか十年くらい経つ間に、だいたい自然に人材がばらけていったものです。中位の六割は年功序列により、そこそこの待遇を受けられることもあって、その位置に安住する人が多かったのですが、これからはそうはいきません。上位と中位には給与面でも待遇面でも、今では考えられないくらい大きな格差が出てくることになります。そうなれば、上位二割、さらには将来の経営幹部候補である「五％ビジネスマン」を目指そうという人も、おのずと増えてくるに違いありません。

そこまでやって初めて、日本企業もリーダーを生み出す機能を本当に回復してくるのではないでしょうか。逆にそういう形で企業を活性化しなければ、グローバル競争に勝ち抜くことは難しいと思います。

個々のビジネスマンにとっては、残念ながらかなり厳しい時代に突入してきていると言わざるを得ません。「五％ビジネスマン」を目指したからといって、うまくいくという保証はないからです。皆が切磋琢磨するとなれば、実際には上位二割に入るのもかなりの狭き門となるでしょう。

しかし、今後、人材の流動化が今より遥かに活発になることを考えれば、「五％ビジネスマン」になろうと必死に頑張った経験は、必ずどこかで活きてくるに違いありません。そう信じて努力し続けることが重要です。

第3章　プロ経営者から学ぶリーダーの条件

社外取締役のオファーの数で分かる経営者の実力

第1章ではプロ経営者とは具体的にはどんな役目を担っているのか、第2章ではグローバル化という時代の流れのなかでプロ経営者候補をどのように育成すべきなのか——について述べてきました。この章では、プロ経営者のリーダーとしての側面をクローズアップしてみたいと思います。

すでに述べたとおり、現在、日本企業は大きな変革期を迎えています。あと数年で多くの企業は、これまで考えられなかったほど大きな変貌を遂げるでしょう。しかも、その変化は中間管理職を中心に多くの社員にとっては痛みの伴うものになることは確実です。しかし、グローバルな競争に生き残るためには、その痛みを受け入れなければなりません。

そんな厳しい時代にリーダーとして企業を支え、変革を推し進めるのがプロ経営者なのです。ただし、私はリーダーの基本的なあり方は、時代的な背景などによってそれほど大きく変わるわけではないと考えています。

むしろ、気がかりなのは、厳しい状況に置かれているにもかかわらず、企業経営者のリーダーとしての質が以前より劣化してきていると感じられることです。

経営者について客観的な評価を知る一つの指標があります。それはトップを退いた後で、社外取締役への就任のオファーがどのくらい来るかということです。ガバナンスの強化、さらにはグローバル化の一環として、最近は多くの企業が社外取締役の数を増やしています。そこにどんな顔ぶれを揃えるかは、その企業の見識を示すバロメーターであると同時に、ある種のステイタスにもなっています。

私たち縄文アソシエイツでは、社外取締役の選任のお手伝いもビジネスとしています。そのため、これまでいろいろなケースを見てきました。たとえば、在任中かなり好調な業績を残したり、マスコミにしばしば登場してもてはやされたにもかかわらず、ほとんど声がかからない人もいます。

業績というのは一代の経営者だけで達成されるものではありません。経営は長い駅伝のようなもので、経営者はタスキをつなぐランナーだということは第1章で述べたとおりです。ある経営者の好調な業績をよく見ていくと、その前の代の人がきつい上り坂を走り抜いてくれたおかげで、その人は緩やかな下り坂を快調に走ることができただけだったということはよくある話です。

また、マスコミうけの良い人というのは、裏を返せば外面ばかり気にしている人かもしれません。大型買収の発表や新規事業の展開など派手な花火を打ち上げるものの、じっと腰を据えた経営を疎かにしていれば、必ずどこかでボロが出るものです。

もっとひどいのは「ウチの会社だから社長になれたんだよな」と、あからさまに社内から言われてしまうようなタイプです。内向き志向となった日本企業では、順送りの人事が続くなかで、近年この手の経営者が増えてきているような気がします。

社外取締役の候補となるのは、もっぱら大手企業のトップを務めていた人たちですが、実際、スカウトのために面接をして、経営理念などを含めて様々な話を聞いても、部長クラスと錯覚してしまうような人がいます。

プロが認めるプロとは?

そういう状況ですから、一部の本当に有能な経営者に社外取締役への就任依頼が殺到するということになります。

もちろん、頼んだからといってすぐにOKということにはなりません。何年かかけて折々にご挨拶にうかがううちに、それならということで、ようやく引き受けていただける。文字通り礼を尽くして迎え入れるというわけです。

一方、近年企業経営者の高額の報酬がマスコミでしばしば話題になります。一部の経済誌には毎年、経営者の年俸ランキングまで掲載されるほどです。社外取締役への就任要請の数と同様に、これもある意味で経営者に対する格付けになっていると言えるでしょう。

もちろん、報酬が必ずしもその経営者の実力を的確に反映しているわけではありません。しかし、数字というものにはそれなりの説得力があることも事実です。

要は経営者も選別される時代になったということです。そして、そういう流れの最先端をいくのがプロ経営者だと思います。彼らに一流企業に勤める中堅・若手ビジネスマンから憧れや羨望の眼差しが向けられるのは、まさにこうした風潮の表れだと思います。

ただし、格からいえば、引退後にいくつもの会社から社外取締役を申し込まれるような経営者の方が上だというのが私の考えです。

多くのビジネスマンから注目を集めるプロ経営者が時代のアイコン的な存在なのに対して、引退後に社外取締役を渡り歩くような人は、経営の中枢に関わる人たちから見てあの人はすごいという、いわばプロが認めるプロというべき存在だといえます。歌舞伎にたとえれば、花形役者が年月をかけて〝経営〟という芸を磨いて、名人と呼ばれる存在になるイメージでしょうか。

「経営の達人」が語る日本的リーダー像

プロ経営者は、経営の専門職であるということは序章でも触れました。同時に重要なのは経営者としてより強いリーダーシップを発揮することです。そのリーダーシップのあり方について、ある外資系のファーム（事務所）に所属する戦略コンサルタントは次のように言っています。

自ら手を挙げて新しいことに取り組み、それに人がついてきてやり遂げる。

欧米で企業経営者に求められるリーダーシップを、非常に的確に表現していると思います。

これに対して、日本を代表する企業グループの中核を担う子会社で長らく経営トップを務め、同グループの経営委員でもあった人物は、リーダーとはどうあるべきかという問いにこう答えています。

周りの人たちからかつぎ上げられ、可愛がって育ててもらう。

一読すると、欧米型の「オレについてこい」というタイプの自己主張の強いリーダーシップと比べて、消極的な印象を受けるかもしれません。

ちなみにこの人物は、日本で私がもっとも尊敬する経営者の一人です。剣道など日本の武道に「範士」という最高位の称号があります。このレベルになると勝ち負けなどはすでに超越し、技ばかりではなく見識や人格などを含めた武道家としての完成度が重要視されるようになります。この人物は、ビジネスの分野でこの範士を極めた、いわば、「経営の達人」というべき存在です。

だから、前述したリーダーのあり方も目の前の利益を追い求めるというより、もっと大局的な見地からのアドバイスだと考えれば、分かりやすいと思います。もちろん、ただ単に謙虚な人間であれといっているわけではありません。最も重要なのは、いかに私心をなくすかということです。

つまり、金銭欲や物欲はもちろん、名誉欲や自己顕示欲などをすべて捨て去れというわけですが、率直に言ってこれは生身の人間にできることではありません。かなり名経営者といわれる人物でも、どこかに私心は見え隠れしてしまうものです。そもそも、リーダーになろうというくらいですから、功名心は強いに決まっています。その他の欲望も人一倍強いことを自覚したうえで、それを抑えることができる。そして、周りの人から押し上げられてリーダーとなる――。

まるで禅問答のようですが、日本的な組織におけるリーダーのあり方を考えるうえでは示唆に富んだアドバイスではないでしょうか。また、私が述べてきた、傍《はた》を楽にするために、逆三角形の底の部分で全体を支えるビジネスリーダーのイメージにも近いと思います。

経営の達人が唱えるリーダー像は、自分で手を挙げる欧米型のビジネスリーダーの対極にあるように思えますが、実際にはそれほどかけ離れているわけではありません。プロセスはともかくとして、リーダーとしての仕上がりにはかなりの共通点があります。

達人は「リーダーの心得」として次の三点を挙げています。

①リーダーたるものは改革者でなければならない
②リーダーには人間愛が求められる
③リーダーにはガンガン働く人間を選ぶ

①と③は欧米型のリーダーにも求められる心得です。

②について補足すると、これは別に単純に人間的な優しさを求めているわけではありません。ここで想定されているのは、極めて過酷な状況です。

たとえばあなたが登山隊を率いるリーダーだとして、エベレストのような高山で遭難したとします。とても全員は助かりそうもないなかで、誰を助けて誰を置いていくのか、そういう究極の決断を迫られたときに、どうするか。そこで、リーダーに求められるのは人間愛だということです。

もちろん、だからと言って全員が助かるというわけではありません。結局、何人かを見捨てていかなければならないのですが、見捨てる方も、見捨てられる方も納得できる決断をするためは、人間愛が不可欠になります。逆に言えば、人に対してそういう愛情を持てる人間が、リーダーになるべきだということです。

実際のビジネスシーンにおいては、たとえばリストラや解雇を通達するときが、こういうシチュエーションに該当すると思います。そういう厳しいシーンで、いかに人間愛を発揮できるかが重要になってきますが、そう言うといかにも日本独特の情緒的な印象を受けるかもしれません。

欧米企業でも機械的な首切りは過去の話

もっとも、欧米の企業でもそれほどドライにはいかないことがあるようです。

かつて欧米のグローバル企業の幹部を務めた経験のあるビジネスマンから聞いた話ですが、彼が部長クラスのGM（ゼネラル・マネージャー）として米国の本社に赴任したとき、最初の仕事が成績の振るわない女性社員に解雇を告げることだったそうです。いくら米国でも、いきなり後ろからズドンというようなことはありません。きちんと説明などの段取りを踏んだうえで、解雇が告げられます。

オフィスの自分の部屋に呼び出してその旨を告げたところ、彼女は急に泣き出したかと思うとオフィスを飛び出して、どこかに行ってしまったそうです。彼はあっけにとられて、それを見送るばかりでした。

解雇は日常茶飯事と言われる欧米でも、実際にそれを告げるのは、それほど簡単ではないのです。その後、気分が落ち着いて戻ってきた彼女に、精一杯説明してようやく納得してもらったということです。

かつて日本のビジネス界ではよく、欧米の企業ではいくつかの角度からの査定の末、毎年下から一割を解雇しているといわれてきました。それにより、常に社員のクオリティと緊張感を保っているというのです。

確かにかつてはそういう時代もあったようですが、現在ではそれほど機械的に行われているわけではありません。現在、たとえばGEでは次のようなやり方をしているそうです。

社員をパフォーマンスとリーダーシップという二軸でそれぞれ三段階、総計九面のマトリクスで評価したうえで、それを元に一定のレベルに達していない社員に対して様々なアドバイスをするのです。特にどちらも最下位に属する社員に対しては入念に指導しますが、それでも改まらないようなら、会社自体にマッチしていないのではないかということで、退職が勧告されることになります。

決してその人が無能というわけではなく、合わない会社で苦労するより、もっと自分を伸ばせる環境を探した方がいいということです。

こうして相手を納得させる手順を踏むというのも、制度化されたものとはいえ、ある種の人間愛の表れではないでしょうか。その意味で、欧米型のリーダーシップにおいても、人間愛がある程度、重視されているといえると思います。

リーダーは自然発生的には出てこない

経営の達人のリーダー論に話を戻すと、その最大のポイントは、リーダーと周りの人たちとの関係にあります。

リーダーは、決して天から降って湧いたように生まれるものではなく、チームの中で双方向で育て上げる——というのが達人の持論です。

だから、リーダー自身が自分を成長させる努力を惜しまないことはもちろん、周りの人たちもリーダーを選んだ責任を負わなければなりません。それはすなわち、自分たちが選んだリーダーを育てていこうと日頃から意識し、実行することです。同時に、そのための制度が組織内に必要となります。

もっとも、そう唱えるのは達人だけではありません。花王の社長、会長を歴任した後藤卓也さんも、リーダーについて同様のことを述べています。

リーダーは自然発生的に出てくるものではない。だから、リーダーの資質のある人間を見つけて育てなければならない――。

後藤さんは社長時代、事業の選択と集中に取り組み、新たなM&Aを手掛けることで花王の業績を伸ばし、会長を経て退任後はリコーやオリンパスなどの社外取締役を務めました。日本を代表する名経営者として私が尊敬する一人です。

後藤さんは、リーダーに必要な資質として、具体的に次の八つを挙げています。

①健全、健康な心身

②考え抜く力
③決断する力
④説得する力
⑤実行力
⑥持続力
⑦責任を果たす
⑧見切る力

これらの資質を持ち合わせている人を、早くから将来のリーダーとして仕込むのが一番いいやり方ですが、なかなかそういう人材はいません。だから、実際にはリーダーに向いた人を見つけ、複数の候補者を育成していくことになります。そのため、なるべく多くの社員と仕事をしたり議論を交わすなどして、そのなかでリーダー候補となる人材を見つけ出すのが、トップにとって大きな任務の一つになります。

リーダーに向いた人材はそれほど希少であり、その育成は容易ではありませんが、極めて重要だということです。

リーダーに必要な「4E」

ここまで、リーダーをどう選ぶかという観点から、リーダーとは何かについて述べてきました。それでは、リーダーになるためにはどうすればいいのでしょうか。

「選ばれる」のではなく、「なる」という能動的なリーダー論をお話しするうえで、私がクローズアップするのは、現役のプロ経営者であるLIXILの藤森社長です。これまで私が藤森氏のお話を聞いて、印象に残った発言などを引用しながら説明していきたいと思います。

ご存じのとおり、藤森氏はグローバル企業であるGEでキャリアを積んできた人物です。だから、そのリーダーシップの基本はGE流です。特に三十五歳から四十五歳までの十年間、GEの先代のCEOで世界的な名経営者として知られるジャック・ウェルチ氏に近いところで働き、薫陶を受けたことが、その後のビジネスマン人生に大きな影響を与えたといいます。

実際、LIXILの社長を務める今でも、リーダーに必要な要件として、ウェルチ氏の唱えた「4E」を挙げています。その四つとは以下のとおりです。

① Energy
② Execution

③ Edge
④ Energize

順を追って説明していきましょう。

①は、何をやるにもまずエネルギーに満ちていなければならないということです。特に常に新しいことに取り組むチャレンジ精神が重要になります。

②は、文字通り実行力ということです。ただ実行するだけではなく、結果も伴わなければなりません。

③は、英語的な表現で日本語に直訳してもやや分かりづらいのですが、ウェルチ氏や藤森氏はぶれずに決断する力という意味で使っています。

④は、チームを激励して目標を達成するということです。

①から③までは、花王の後藤さんの挙げたリーダーの資質でも同じ内容が述べられているので、リーダーの要件としては普遍的なものだと言えるでしょう。③については、もっと踏み込んでいえば、確固たる自分の考えのもとに前任者を否定することができるくらいの決断力を意味しています。

④から浮かび上がってくるのは、欧米型の強いリーダーシップです。先に紹介した外資系

コンサルタントが述べるリーダーのあり方にも共通しています。ウェルチ氏はより高いレベルのリーダーの要件として、これを最後に持ってきて強調しています。しかも、第三者的に励ませばいいということではありません。重要なのは、リーダー自身が目標を定め、メンバーを巻き込んで鼓舞し、それを達成するということです。

GEでできることは日本企業でもできる

藤森氏は、GEに在籍していた頃から、ウェルチ氏から学んだ経営手法や経営哲学を日本で試してみたいと考えていました。それが、バブル崩壊以来続いてきた日本の停滞感を打ち破る助けになると考えてのことです。そして、LIXILという活躍の場を得て、GE流で同社のグローバル化に取り組んでいます。

それは具体的にはどういうことかといえば、まず、「多様性の尊重（Diversity）」「公平な機会の提供と平等な評価（Equal Opportunity）」「ストレッチという考え方に根ざした実践主義の追求（Meritocracy）」という三つの文化を基本に、LIXILという会社のバリューをつくり上げます。

バリューとはすなわち、多様な人たちを束ねベクトルを合わせる、LIXILという会社の行動規範、価値観です。皆がそれを共有することにより、企業内に創造性やエネルギーを生み出し、グローバル競争に通用する強い企業体質をつくり上げる――というものです。
二〇一一年の社長就任以来、三年という年限を区切って、人事施策、人材育成、環境整備、風土醸成などに取り組み、さらに海外企業のM&Aを積極的に進めた結果、グローバル化は一定の成果を上げています。

バリューを実践しながら、日本企業をグローバル企業へと変えていく。日本の会社でも、日本人でもできる。

GEでできることは日本企業でもできる――という藤森社長の意気込みが伝わってくるような発言です。これを地でいくように、自らが前面に出てLIXILの変革に取り組む姿は、たびたび経済記事としてメディアに取り上げられました。その結果、プロ経営者の代表格であると同時に、強いリーダーシップを振るうトップというのが、すっかり藤森社長のイメージとして定着しています。

学ぶべきリーダーの「型」とは?

一方、藤森氏は自らのリーダーシップについてこんなことも言っています。

ＣＥＯ、リーダーはある意味で役者です。どんなに辛くても役者であり続けなければなりません。舞台に出たらきちんと演じる。ある意味それがプロというものです。そういう気持ちでやっています。

舞台の上の役者の動きには無駄がなく、すべてに意味があり、評価の対象となります。それと同様にリーダーも、経営という舞台に立ったら、社員や投資家から一挙手一投足を見られていることを自覚し、常にどう見られているか、どう評価されるかを考えながら行動しなければならないということです。

そのためには、リーダーとして、経営者としての人格形成が不可欠となります。たとえば歌舞伎の世界に生まれたら、子どもの頃から訓練を始め、五十になっても六十になっても努力し続けることでつくり上げられる、舞台に立ったときの人格というものがあるはずです。同じように、リーダーもリーダーとして振る舞うときの人格をつくって鍛え上げなければなりません。

その一つの方法は「型」を学ぶことです。歌舞伎役者が名人といわれる人から稽古をつけてもらうように、若い頃から経営トップの傍らにいて、その行動をじっくり観察したうえで、経営者としての考え方、決断の仕方、立ち居振る舞いなどを身体に叩き込んで覚えていければ理想的ですが、現実にはなかなかそうもいきません。現在の日本企業のように、一定の年齢までは極端なほど平等主義が貫かれていれば、なおさらです。よほど異例の人事でもない限り、若手社員が経営トップの傍らで働くことはないからです。

それを補う方法として私が考えるのは、ベンチマークとなる人物を身近に探すことです。同じ部署の先輩や上司でもいいですし、あるいは他社ですごいなと思うビジネスマンでもいい。その人を真似て、その人に近づこうとすることで、型を身につけることができます。

ただし、あくまでベンチマークとなった人のレベルでのリーダーシップですから、人選を考えたうえで、自分の達成レベルに合わせて逐一目標を引き上げていく必要があるでしょう。

日本独自のリーダー像を目指して

リーダーとしての人格を形成するうえで、もう一つ有効な方法は、その心構えや立ち居振る舞い、様々な技能を知識として学んでいくことです。

リーダーとしての「型」を学ぶというのは、主に体系化も言語化もされていないリーダーに関する暗黙知を、模倣によって身につけるということだといえます。ならば、それを可能な限り形式知として抽出し言語化することで、より学びやすい形に変えて、身につけていこうというわけです。

日本では、たとえばコミュニケーション能力などのスキルは、教えられるものではなく、型を学ぶのと同様に、人のやっているのを見て真似する、もしくは盗むものだと見なされる傾向があります。

これに対して、欧米では演説をより魅力的に見せるための様々な技術を教える修辞学は、古代ローマの時代からリーダーの必修科目の一つでした。現在でも欧米のリーダーは、コーチング用のコーチをつけることが当たり前ですし、ＭＢＡでは心理学や組織行動学が必修科目になっています。さらに、米国大統領は、口元を上げる角度から、ネクタイの色まで、有権者に与える印象を分析したうえで決めているそうです。

このように欧米ではリーダーとしての技能やノウハウのかなりの部分を、形式知として分かりやすくすることで、リーダーをシステマティックに効率よく育成しています。

もちろん、座学として形式知を学んだだけでリーダーにふさわしい人材になれるわけではありません。実際にそれを活用することで身体に覚え込ませなければ、決して身につかない。だから、米国のように早い段階でリーダーへの選抜が進む国では、年齢やキャリアに関係なく優秀な人間にはチャンスを与えて、それぞれのレベルでリーダーとして訓練をされ、それがクリアできればさらに高い段階を目指します。豊富な形式知ばかりでなく、このような早期選抜、早期育成のシステムが欧米企業の強みにもなっています。

一方、日本企業でリーダーの心構えや立ち居振る舞い、技能などの多くが暗黙知の領域に止められたのは、何も分かりにくくしようとしたからではありません。そういうことを言葉にしたときに何かがずれてくる。そして、むしろそのズレのなかにこそ本質があるということではないでしょうか。言葉にするとこぼれ落ちてしまう部分を伝えるために、あえて暗黙知のままにしておいたというのが正しいと思います。

経験を積んだ経営者であればあるほど、言葉にならないことの大切さが分かりますから、どうしても欧米流のリーダー論のような明快な話にはなりません。

また、そういう経営者の多くは大変な努力の末に名経営者と呼ばれるようになった方々です。自分を努力型の人間だと認識しているために、逆に持って生まれた才能や育ち方の重要性が強調される傾向があります。その結果、リーダー論としては、なんとなく間口の狭い印象を与えることになってしまうのではないでしょうか。

もっとも、欧米流のリーダー選抜にしても、猛烈な競争が繰り返されることであっと言う間に人数が絞られるわけですから、結局は同じことだと思います。しかし、誰にでもチャレンジする自由があり、また、そのためのノウハウもある程度、形式知になっていることで、オープンなイメージが担保されているのだと思います。

こう述べていくと、私が欧米流のリーダー論の信奉者のような印象を受けるかもしれません。しかし、私自身、欧米流がベストだとは考えていません。言葉にならないもの、形式知にできないもののなかにリーダーとして重要な要素がたくさんあるというのが私の基本的な認識です。そういうものをベースにしたうえで、グローバル競争に適応できるような日本独自のリーダーシップをつくり上げることが求められているのではないでしょうか。

今後、プロ経営者が、その役割を担っていく可能性が高いと私は考えています。彼らに対して関心を寄せる、一流企業の中堅・若手ビジネスマンが多いことはすでに述べました。その理由は、簡単に言えば彼らの多くが欧米流の競争を勝ち抜いてきたことにあると思います。それはたとえばイチローなど大リーグで活躍する日本人選手に喝采を送るのと同じで、その根底にあるのは日本人でもあそこまでできるんだという感覚ではないでしょうか。

そんな彼らが日本企業のグローバル化に取り組むなかで、欧米流に日本的な要素をどのように取り入れていくのか、大いに期待しながら見守りたいと思います。

本章の最後に、これまで様々な経営者の方々とお付き合いするなかで、私なりに考えたビジネスリーダーのあり方を述べておきます。

文章化したうえで形式知として分かりやすく整理する過程で、多くのニュアンスが捨象されているかもしれませんが、ポイントは押さえていると思います。

また、読者のなかには今後、リーダーとしての型を学ぶようになる人、あるいはすでに学

図3-1 リーダーになるために必要な資質

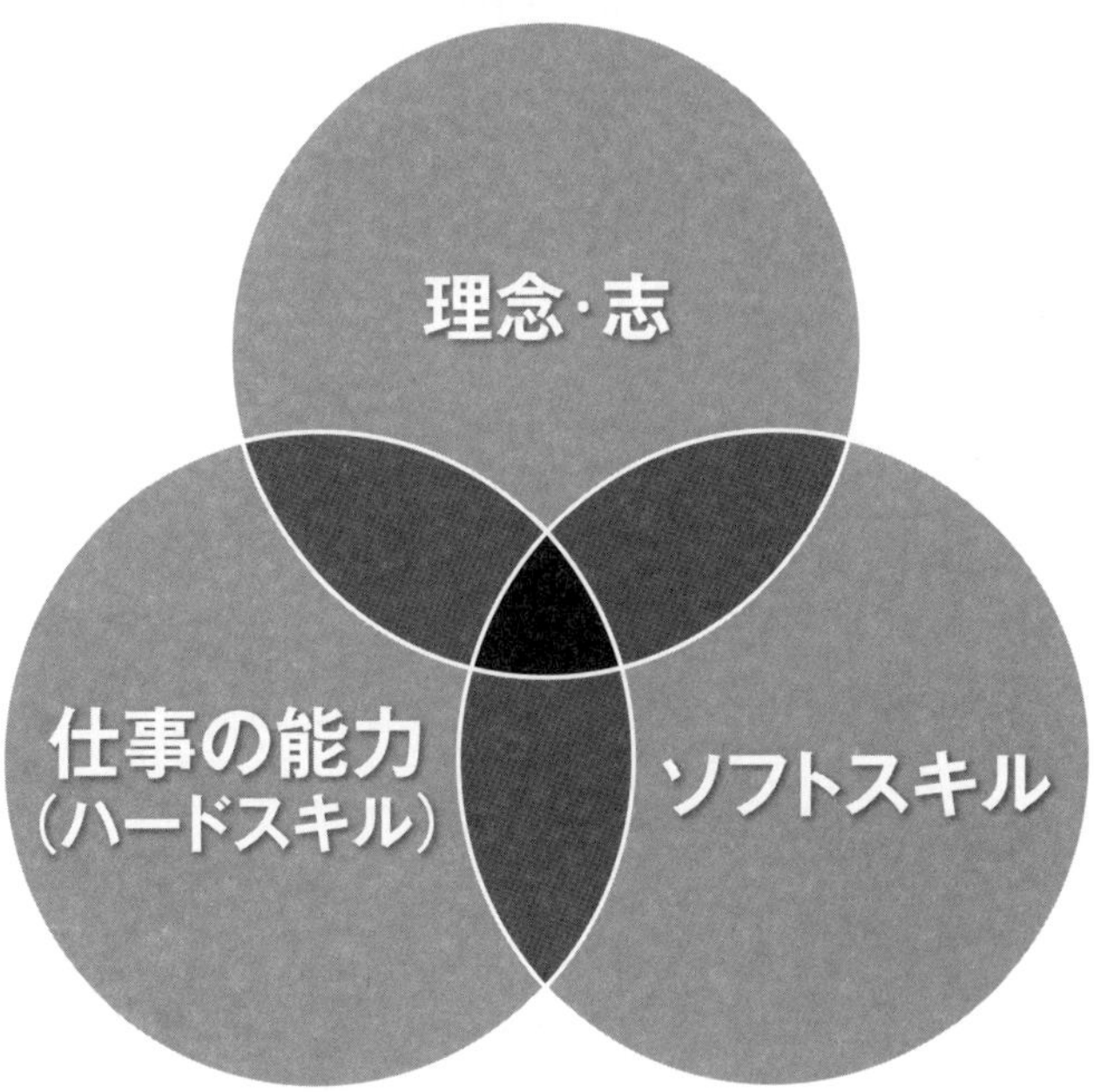

び始めている人もいるかもしれませんが、型の全体像や何を意図した暗黙知で、どう位置づけられるものなのかなどを知っているのと知らないでいるのとでは、学習の効率も大いに違ってくるのではないでしょうか。そういった観点からも、参考にしていただければと思います。

リーダーになるために必要な資質

まず、リーダーになるためにはどんな資質が必要なのかということですが、それは、①理念・志、②仕事の能力（ハードスキル）、③ソフトスキルの三つから構成されます。それらはそれぞれ独立しているわけではなく、図3－1に示したように重複する形で連環しています。個々の項目に含まれる具体的な要素は次のとおりです。

①理念・志
・自己肯定感、将来の夢
・自身の存在意義、守るべき対象
・死生観
②仕事の能力（ハードスキル）

・論理的思考力
・仕事の基礎
・ビジネススキル（財務諸表の読み方やフレームワーク）
・ビジネス論理（帝王学）
③ソフトスキル
・コミュニケーション能力
・共感する力
・周囲を動かす力、凄み、ストレス耐性

理念・志とは何か

順を追ってさらに解説していきます。

はじめに「理念・志とは何か」ということですが、この分野に属するそれぞれの要素には、その人のそれまでの人生における様々な経験やそれを通じて身につけた自らの価値観などが投影されます。その意味では人格に近いものだといえるかもしれません。

具体的な要素の筆頭に挙げた自己肯定感は、リーダーには必要不可欠なものです。自己肯定感のない人は他人を肯定することもできないからです。私は自己肯定感の源泉は、幼少期にまで遡ると考えています。そこで親や周囲の人たちにどのくらい愛されたかということが、大人になったときの人格にも、大きな影響を与えることになります。まさに「三つ子の魂百まで」という諺《ことわざ》にあるとおりです。

また、私はビジネスリーダー候補の面接に際しては、「子どもの時になりたかったものは？」とか「子どもの時に好きだったものは？」と質問することにしています。そこにその人が抱く「将来の夢」の原型があるからです。

現在の自分の人格や置かれている立場というのは、過去に規定されることになりますが、それを未来のためにどう活かすのか、そこに自分の存在意義というものがあります。

それでは、どのくらい先の未来を見据えればいいのでしょうか。近い未来としては三年くらい、長期的目標は十年くらいというのが普通でしょう。それぞれその時に自分がどうなっているのかを思い描き、それに合わせて目標を設定するのは非常に有意義だと思います。

しかしそれだけではなく、たとえば二百年先はどうなるのかを考えてみるというのはどうでしょうか。だいたい七代くらい先になると思いますが、そういう世代を超えた目標を設定してみることで、今ここにいる自分の存在意義を歴史的な視点のなかで位置づけてみる。そのためには目の前の事象に惑わされない、しっかりとした歴史観が必要となってきます。それはまさにリーダーに求められる資質の一つです。

もうひとつあなたの存在意義を考えるうえで重要な要素は「出会い」です。人間は一人で自分を成長させることはできません。どんな出会いをしてきたかが、その人の人生に決定的な影響を与えることになります。だから、「あなたにとって人生を変えてくれた出会いとは?」というのも、私のリーダー候補の面接に際しては欠かせない質問です。

自分の人生を振り返って、そういう出会いを思い出してみてください。それを丹念に分析することが、自分をさらに高めてくれるような、次の素晴らしい出会いに繋がっていくかもしれません。

理念や志は、その人の持っている価値観に裏打ちされています。価値観とは突き詰めていえば、自分の守るべき対象は何かということです。あなたの守るべき対象は何でしょうか。自分の命、お金、名誉、会社、家族、友人……。それをじっくりと考えてプライオリティをつけることで、理念や志をより強固なものにすることができます。

「一期一会」、すなわち生涯のなかで一度きりの出会いだと思ってお互い誠意を尽くすことが人間関係の要諦とされたように、かつて日本には「無常」の思想が根づいていました。しかし、物質主義的な傾向が強い戦後文化のなかで、「死」は日常から切り離されて隠蔽され、その結果、われわれ日本人はきちんとした死生観を持てなくなってきています。リーダーとなるような人は、今一度、無常の思想に立ち返り、自分の人生に限りがあることを常に自覚していなければなりません。それが人生をより有意義に生きるうえでも大いに役立つに違いありません。

中高年に達し、自分の身体の衰えを自覚するようになるというのは、いよいよ残された時間が少なくなってきたというサインです。自分の人生を総括し、自分の一生のなかで誰かに語り継いでほしいものは何かを考える。それに基づいて、さらに充実した人生を目指す。逆に言えば、理念や志を強固なものにするために、きちんとした死生観を持たなければなりません。

仕事の能力（ハードスキル）とは何か

これは文字通り、ビジネスマンとして仕事をこなす能力です。当然、話を広げればキリがないので、私なりに要点を絞って説明したいと思います。

まず第一に求められるのが論理的な思考力です。

その基礎は、大学入学以前、高校時代にどんな本を読んでいたのか、受験勉強以外にどんな興味を持って勉強に取り組んでいたかなどによって形成されるものだと思います。その意味では、どんな雰囲気の高校で勉強していたのかというのは案外、重要な要素となります。

そもそも、多くの人にとって高校は中学までの義務教育とは違って、最初に自らの選択により入学する学校です。だから、そこでどういう判断をしたのかというのは、むしろ大学受験よりも大きな意味を持つかもしれません。

幅広い知識や教養を身につけるという意味で、日本でもリベラルアーツ教育に注目が集まっています。論理的思考力を鍛えるという意味でも、教養は大いに役に立つと思います。特にグローバルな舞台で渡り合っていかなければならない現代のビジネスマンには、歴史観と世界観に基づいた時代認識が不可欠となります。だから、様々な教養のなかでも歴史と地政学はぜひとも身につけておくべきではないでしょうか。

また、人間は何かを判断するときに、どうしても自分の主観に引きずられがちとなります。そういうバイアスがもたらす誤謬を避けるには、客観的なデータを検証しなければなりません。そのために統計学を学んでおく必要もあります。

仕事の基礎は二十代でしっかりと身につけておくべきものです。だから、二十代ではとりあえず目の前の仕事に打ち込むことをお薦めします。

しかし、仕事のもっとも基本的な部分は実は幼稚園で教えていることと大して変わりがないというのが、私の考えです。具体的に挙げてみましょう。

あいさつをする、ウソはつかない、ありがとうを言う、後片付けをする（ウンチは流す）、皆と楽しく遊ぶ、勇気を持って「ごめんなさい」を言う、同じことを何度も注意されない、逃げない――。

どうです。すべて幼稚園で注意されることですが、そのまま新入社員に通用するのではないでしょうか。

いや、リーダーですら根本にあるのは、この幼稚園児の基礎だというのが私の考えです。明るさ、健全な心身、粘り強さ、ストレス耐性、地頭《じあたま》・教養、目的思考、成果への執着、国際性、品性・品格、倫理観、志・使命感――などをこの基礎の上に積み上げれば、リーダーとしての要件は整うのではないでしょうか。

仕事の基本を覚えたうえで求められるのは、より専門性のあるビジネススキルです。財務、経理、人事、広報、営業などそれぞれの部門ごとに必要な専門知識やスキルがあります。もし配属された場合にはそれらを身につけることはもちろんですが、経営リーダーを目指すのであれば、財務諸表の読み方やさまざまなビジネスシーンにおけるフレームワークの活用法は必修となります。

日本語だけで通用する時代は終わりを告げ、ビジネススキルとして外国語を習得することはもはや常識となっています。英語はもちろん、最近ではたとえば伊藤忠商事のように、中国語が必修となっている企業も珍しくありません。

本書で何度も述べているように、日本企業がグローバル競争に加わろうとしている以上、今後、部長など一定のランク以上の管理職になるためにはＭＢＡの修得が必須条件となることは確実です。私自身ＭＢＡで教えられているビジネススキルには、それほどの価値があるとは思っていません。しかし、たとえば病気になったときに医者の免許のない人に診てはもらわないように、ＭＢＡを修了していない上司の言うことは誰も聞かないということになるのです。

もうひとつ、ビジネススキルを学ぶ場として私が注目しているのは、有志での勉強会です。勘違いしないでいただきたいのは、これはよくある異業種交流会などとは全く違うものだということです。

ただ単に歓談して名刺を交換するだけならば、何の意味もない。ある程度レベルの高いビジネスマンが集まり、きちんとした講師の下で、目的意識を持って学ぶからこそ相乗効果が期待できるのだと思います。また、そういう場でつくられた人脈というものは、いざという時に大きな力にもなるでしょう。

ちなみに私たち縄文アソシエイツでも、経営者の方々を講師としてお招きし、若手中堅社員から幹部社員までを対象とした「縄文塾」という勉強会を開催しています。

もちろん、この勉強会を通じて将来スカウトの対象になるような人材が見つけられれば、それに越したことはないのですが、主な目的はそこにはありません。あくまで、グローバル競争に通用するリーダー育成の一助になればと考えてのことです。


帝王学という言葉があります。世襲のために跡継ぎに施される特別な教育のことです。現在でも二世や三世の経営者にはそういう育てられ方をした人がいるかもしれませんが、それほど明確に体系立ったビジネス論理があるわけではないようです。多分、その家に伝わる暗黙知をまとめたものなのでしょう。

その意味で興味深いのはローソンの社長に就任した玉塚元一氏です。玉塚氏の場合、若い時期にユニクロを運営するファーストリテイリングの社長に就任したものの、わずか三年で更迭された経験があります。そこまでの挫折を味わうとなかなか再起は難しいのですが、プロ経営者として見事に返り咲きました。

そこには玉塚氏の幼少期の教育や育てられ方が大きく影響していると思います。実は玉塚氏のご実家は、玉塚証券という証券会社を経営していた家系だったそうです。そういう環境で、たとえば資金繰りのシビアさとか、経営というものの浮き沈みについてよく聞かされていたのかもしれません。

もっとも、普通の家に生まれた人には帝王学を施されることなど、望むべくもありません。それを補完するために有効な手段は、やはり読書です。マキャベリの『君主論』や中国の古典である『韓非子』などは、リーダーとしての心構えや人を動かすための要諦がまとめられた、帝王学の教科書といえる名作です。

特に『韓非子』は頂点に立って人を動かすためのさまざまなテクニックが、必要悪というニュアンスでかなりダーティなものまで含めて余すところなく記されており、リーダーを志す人にとっては、必読書だと言えるでしょう。

ソフトスキルとは何か

前述したように、日本ではソフトスキルは教えられるものではなく、人のやっているのを見て盗むものだとされてきました。だからあまり体系立ったノウハウはないのですが、こうしたらいいという具体的な行動に落とし込んでまとめてみました。

リーダーの仕事を端的に言えば、自分の意思を自分が率いる人たちに伝えて彼らを動かし、目標を達成することです。そのためにはコミュニケーション能力に磨きをかけなければなりません。一対一のコミュニケーションもさることながら、たくさんの人間に対して、どうやって自分の意思を的確に伝え、やる気にさせるかが、リーダーにとっては死活的に重要となります。

そのためのノウハウとして私がアドバイスするのは、まず、リーダーはネアカであれということです。もちろん、頭の痛くなるような経営課題が多いなかで、実際には明るくばかりは振る舞っていられません。

しかし、リーダーが口を開けば悲観的なことばかり言っていたら、周りの気分も沈んでしまいます。危機感を煽る意図だとしても、あくまでポジティブに、絶対に乗り越えられると鼓舞するくらいでなければ、人をやる気にさせることはできない。だから、リーダーである限りは、ネアカを演じ続けなければなりません。

また、自分の意思を的確に伝えるためにはゆっくりとしゃべらなければなりません。特に、何かを伝えようと思って気分が昂ぶると、人間誰しも早口になってしまうものです。だから、あえて、ゆっくりしゃべることを意識する必要があります。

さらに、目線の使い方や身振り手振りにも注意を払わなければならない。目線は全体を見渡しながら、時に誰か一人に目をとめて、その人に話しかけるようなしゃべり方をする。また、身振り手振りはあくまで自然に、使いすぎてはいけません。

米国には世界の著名人が自らの考えをプレゼンテーションするTEDというイベントがあります。インターネット上で様々なプレゼン動画を見ることもできますので、参考にしてみたらいかがでしょうか。

その他、修辞法については様々なテクニックがノウハウ本の形で紹介されていますので、一読したうえで練習を重ねておく必要があります。また、読書は知識の源泉であり、知は人を説得するうえで大きな力となります。どんなに忙しくても、読書の習慣を疎かにしてはなりません。

相手を動かすためには相手の心を摑まなければなりません。その大きな源泉となるのは共感する力です。そのためにはまず相手の言うことをじっくりと聞くことです。リーダーはしゃべるばかりではなく、聞き上手でなければなりません。

まずは、相手にしゃべってもらうことです。仮に沈黙が続いても、こちらから矢継ぎ早に質問を投げかけるようなことをすれば、相手が心を閉じてしまいます。だから、じっと待たなければなりません。

また、人間というものは自分に自信がないと、それをごまかすために言わずもがなのことをしゃべってしまうものです。リーダーとしての威厳を保つ意味でも、沈黙に耐えられるだけの胆力をぜひとも身につけておくべきだと思います。

ただし、ここで気をつけなければならないのは、共感はしても安易に同調してはならないということです。共感と同調をきちんと使い分けることが重要です。

とは言っても、周囲を動かすのはとても難しいことです。大日本帝国海軍を代表するというより、歴史的な名提督として知られる山本五十六ですら、よほど苦労したようで、こんな言葉を残しています。

やってみせ、言って聞かせて、させてみて、褒めてやらねば人は動かず。話し合い、耳を傾け、承認し、任せてやらねば人は育たず。やっている、姿を感謝で見守って、信頼せねば人は実らず——。

人を動かすための要諦が詰まった言葉ではないでしょうか。

人を動かすためには凄みも必要となります。その基本はまず、大きな声でしゃべることですが、ただ、声を張り上げればいいというわけではありません。旺盛な生命力に裏打ちされた声にこそ、人は凄みを感じるものです。

図3-2 各年代で伸ばすべき資質

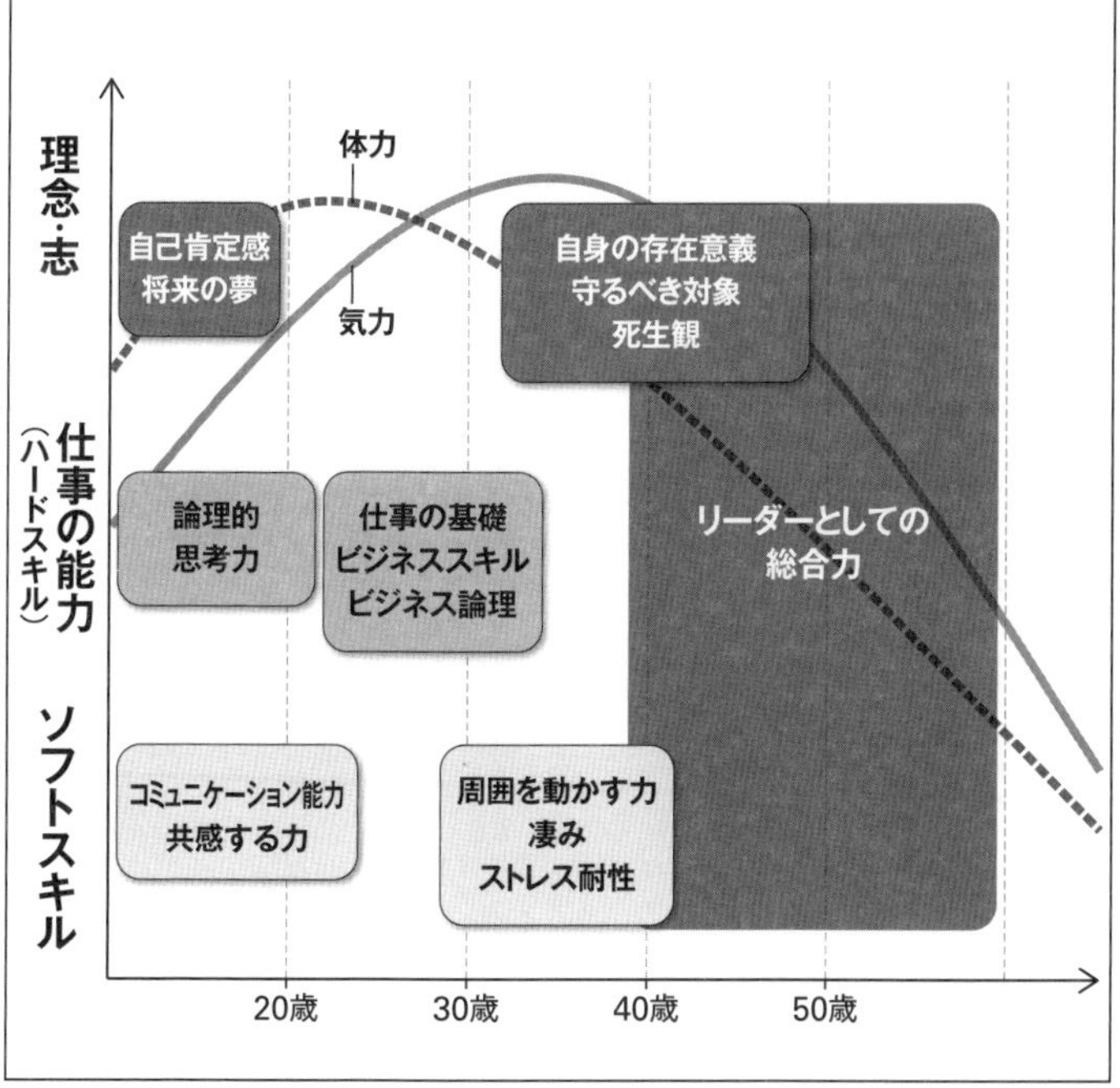
理念・志
仕事の能力（ハードスキル）
ソフトスキル
体力
気力
自己肯定感
将来の夢
自身の存在意義
守るべき対象
死生観
論理的
思考力
仕事の基礎
ビジネススキル
ビジネス論理
リーダーとしての
総合力
コミュニケーション能力
共感する力
周囲を動かす力
凄み
ストレス耐性
20歳
30歳
40歳
50歳

最後に、日々重要な決断を迫られるリーダーは必然的に、いろいろなストレスに晒されることになります。すべてのステークホルダーからプレッシャーを受けるといっても過言ではありません。それに耐え抜いて、役割を全うするのがリーダーの任務なのです。逆に言えば、ストレスに強くなければリーダーは勤まりません。

ストレスにはいろいろな解消法があります。しかし、根本的には自分の内面を強くすることで、それに耐えるしかありません。そのためには、自分を客観視することが重要となってきます。つまり、心の中に自分を見ている自分をつくるのです。

周囲を鼓舞する情熱的な人格とそれを冷静に見つめる醒めた人格、相反する二つの人格の間を行ったり来たりすることで、リーダーはストレスに耐え、平常心を保つことができます。

以上、リーダーに求められる三つの資質とそこに含まれる具体的な要素を述べてきました。それらをどの年齢までにマスターしておくべきなのかをまとめたのが図３－２です。

だいたい、三十代から四十代前半までにほとんどの要素をマスターしておかなければなりませんが、それには人間の体力と気力が、年齢に応じて推移していくことが大きく関係しています。

体力的なピークは二十代に、気力のピークは三十代に来ます。そして四十代以降は、体力も気力も下り坂になります。その意味でビジネスマンの人生はだいたい四十歳を境に二つに分かれることになります。
この点については、次章以降でより詳細に説明していきます。

第4章　二十代、三十代でしておくべきこと

プロ野球スカウトとヘッドハンターの類似点

前章まで「プロ経営者とは何か」ということについて、さまざまな角度からみてきました。この章と次の章では、プロ経営者を目指す人たちに向けて、具体的にどんな目標をクリアすべきなのかを、年代別に述べていきます。それにより、プロ経営者のイメージもより鮮明になるはずです。

まず、新人から中堅社員に該当する二十代から三十代に何をしておくべきかということから、始めたいと思います。

何度も述べてきたとおり、私たち縄文アソシエイツではプロ経営者候補となるような人材を、長いときには十年以上かけて、じっくりとお付き合いをしながらスカウトしています。その人の能力のみならず、人間性や考え方まで把握し、どんな成長を遂げたのかを見極めたうえで、スカウトするかしないかを判断するのです。

だから、プロ経営者候補と私たちヘッドハンターが最初に接触するのは、早いケースでだいたい三十代半ばということになります。

企業が人を育てられなくなってきているなかで、プロ経営者候補は人材としては貴重な存在です。しかも、三十代で優秀だった人が皆、順調に成長するわけではありません。むしろ、三十代の輝きを四十歳を過ぎても維持できる人の方が少ないくらいです。

逆に目をつけていた人材が順調に伸びてきてぜひスカウトしたいと思っても、その人が所属している企業で将来の有力な社長候補となっていて、ヘッドハンティングをするのが難しくなってしまうこともあります。そもそも各社のトップクラスに声をかけているので、それもやむを得ません。残念ではありますが、むしろ、自分の目が正しかったとポジティブに捉えるようにしています。

いずれにせよ、いい人材を見つけるためには労を惜しんではいられません。ですから、なるべく広く網を張って、これはと思う人材の情報をキャッチしたら、とにかくすぐに会ってみるというのが、私たちのヘッドハンティングの第一歩となります。

もちろん、やみくもに声をかけるわけではありません。前にも述べたとおり、そのあたりはプロ野球のスカウトと同じです。長年かけて独自のネットワークを張り巡らし、ものすごい速球を投げるとか、ホームランをポンポン打ち込む選手がいるという話を聞きつけたら、すぐに見に行って、どの程度の才能なのかを自分の目で確かめるのです。

私たちが探しているのは、ビジネスの世界でそのくらい傑出した人材だということを強調しておきます。

ある候補者の面談風景

たとえば、つい先日もこんな出会いがありました。

長年付き合いのある外資系コンサルタント会社の幹部を通じて、現在三十五歳のD君を紹介されたのです。さっそく、アポイントを取って東京・虎ノ門にあるわが社のオフィスで面談することにしました。

約束の時間に現れたのは、こざっぱりとしたスーツに身を包み、紺色の落ち着いた感じのネクタイをしめた、スポーツ刈りのがっちりとした体格の青年でした。このD君は現在、外資系金融機関で個人向け営業をしているのですが、成績は常にトップクラス、報酬は億単位だといいます。しかし、彼のスタイルからそういう派手さは微塵も感じられません。聞けば、贅沢にはほとんど興味がなく、家族と一緒に東京郊外のごく普通の家に住み、車も国産の中型車だということでした。

そもそもD君は、国立大学を卒業後、最初は大手メーカーに就職。数年で企画部門に配属になり、さらにその後、社長室へと異動になり異例の抜擢で社長秘書を務めることになったそうです。まだ、三十そこそこで社長のお供をしながら、経営者としての振る舞いを間近で見たことは、たいへん勉強になったといいます。

しかし、何年かするうちにD君の頭の中にいくつかの疑問が浮かび上がるようになりました。まず、社長秘書だということで会社の内外どこへ行っても、下にも置かない扱いを受けていたのですが、ある時、D君はだんだんそれが当たり前だと思っている自分に気がついて、ハッとしたといいます。結局は、社長の権威や会社の名前に頭を下げているだけじゃないか――。そう思うと、肩書きを外した生身の自分がとても小さく思えたそうです。

もう一つは、企画部門に在籍していたときから気になっていたそうですが、経営戦略などを立案するときに「これは社長好みだから」とか、逆に「これは気に入らないだろうな」という形で、会社内にトップの意向を過度に慮《おもんぱか》る傾向があったということです。それ自体に抵抗があったことはもちろん、出世を狙って同じようにトップの顔色をうかがっている未来の自分の姿が目に浮かんで、このままではいけないと考えるようになったといいます。

結局、熟慮の末、三十過ぎでその会社を退社したD君は、実力勝負の世界にチャレンジしようと思い立ち、現在の外資系金融機関に転職しました。もちろん、何の経験もノウハウもありません。そこで自分なりに考えた営業方法は、一人でも多くの顧客にあたることでした。一定の確率で契約が取れるのならば分母の数を増やせば、自然と成約数も増えていくだろうという単純な発想ですが、それだけに実行し続けるのは難しい。しかし、それをやり抜いた結果、現在の素晴らしい営業成績を達成したということです。

このD君について、スカウト対象として私なりに分析・評価してみたいと思います。

まず、大企業に入社後数年で経営の中枢ともいえるセクションに配属されていることから、すでにこの段階で「五％ビジネスマン」のレベルに達していたと思われます。さらに、社長秘書に抜擢されたというのは、三十歳前後で将来の経営幹部候補と見なされていたとみて間違いないでしょう。もしかしたら、経営トップを狙えたかもしれません。しかし、D君はそういう恵まれた立場を惜しげもなく捨て去ります。そして、未知の分野に飛び込んで、ここでも大成功――。

D君が極めて優秀な人材であることは言うまでもないでしょう。そもそも能力が高いうえに相当な努力家でもあり、常に自らを向上させたいと考えている。五年後、十年後には、さらに傑出したビジネスマンへと成長しているに違いありません。

ただし、プロ経営者になれるかどうかについていえば、気になる点がいくつかあります。ビジネスマンには、それぞれのレベルで身につけて磨いておくべきビジネススキルやリーダーシップがあります。D君の場合、あまりにも早く選抜されてしまったために、たとえば中間管理職レベルのビジネス経験をそれほど積んでいないかもしれません。その点が、やや不安材料となります。

私はよく、騎兵隊か夕日のガンマンかというたとえを使うのですが、今のD君はどちらかというと、夕日のガンマンタイプのビジネスマンだと言えるでしょう。

腕は抜群で、一対一の勝負では負け知らず。しかし、どうしても一匹狼というイメージは払拭できません。これに対して騎兵隊の隊長は、腕はやや凡庸かもしれませんが、リーダーとして研鑽を積むなかで、たとえば四十歳を過ぎた頃に思わぬ成長を遂げることもあります。

もし、D君が本気で将来、経営者を目指すのであれば、彼のレベルに合ったかなり高度なビジネススキルやリーダーシップを実地で学ぶことが必要でしょう。そのためには、この間築き上げてきたものを再びすべて捨て去らなければならないかもしれません。はたして彼がどんな決断を下すのか、その将来を興味深く見守っていきたいと思います。

若手ビジネスエリートの共通点はMBAと転職経験

このD君のケースと同様に、私たち縄文アソシエイツでは、優秀な若手ビジネスマンには積極的にアプローチしています。彼らに声をかけるための有効なツールとして私たちが活用しているのは、勉強会です。

縄文アソシエイツでは、若手ビジネスリーダー候補を対象とした「創志会」という勉強会を年に数回開いています。その場には毎回三十名前後の若手ビジネスマンが集まります。LIXILの藤森社長やネスレ日本の高岡浩三社長など、毎回、現在日本を代表するようなプロ経営者をお招きし、経営やリーダーシップに関して、質疑応答を含めて二時間ほどの講義をしていただいているのです。

どうやって参加者を募るのかというと、基本的に自薦はありません。ビジネス界で私たちが信頼している人たちからの推薦、もしくは私たちが独自の情報で見つけた人材を招待するケースがほとんどです。もちろん、全員が五％ビジネスマンもしくはそれ以上のレベルに該当することは言うまでもありません。

毎回参加する固定メンバーもいれば、時々参加したり、その回だけゲスト的に加わる人もいます。彼らの肩書きを見てみると、日本の大手企業、外資系金融機関やコンサルタント会社などに勤めるビジネスマンはもちろん、弁護士、元官僚、なかにはすでに自分で起業している人もいて、なかなかバラエティに富んでいるといえるでしょう。

ただし、子細に検討していくといくつかの共通点が浮かび上がります。

一つは、ほとんどの参加者に留学経験があり、欧米の一流大学でＭＢＡを修了していることです。かつてバブル時代には企業が若手社員を気前よく海外留学へ派遣したものでした。しかし、その後、業績の悪化が続くなかで、近年はそういうこともめっきり減ってしまいました。

だから、留学経験があるというのは、よほど優秀で将来の経営幹部候補として企業派遣の狭き門をクリアしたか、あるいは、それまでの自分のキャリアを捨て、学費に生活費を加えれば一千万円を超える金額を負担してでも、海外留学の道を選択したという人でしょう。いずれにせよ、すでに述べてきたとおり、今後ビジネスリーダーとしてグローバル競争で闘うためにＭＢＡは不可欠ですから、皆その辺りのことはしっかりと認識しているのだと思います。

もう一つは、前述したＤ君にも当てはまることですが、参加者の八割程度が転職経験者だということです。しかも、一度だけではなく、複数回転職している人も少なくない。

これまで私は、自分の著書やマスコミからのインタビューを通じて、「三十歳未満転職厳禁」ということを唱えてきました。就職をして社会人としての常識を身につけ、ある程度の経験を積むためにはどうしても一定の時間が必要だと考えていたからです。

使い走りのようなことから始まって皆に認められるようになり、少しずつ重要な仕事を任されるようになって、ようやくビジネスマンとしてのスタート地点に立つだけでも五年。そこから経験を積まなければなりませんから、結局、一人前になるまでに七、八年はかかってしまう。だから、それ以前に転職してしまうと、再び使い走りの段階からやり直さなければならなくなって、非常に効率が悪い。その結果、年齢の割には熟練度の低いビジネスマンとなってしまうことを懸念してのアドバイスでした。

これは五％ビジネスマンでも例外ではありません。そのくらいのレベルの人材であれば同期入社の他の社員と比べれば圧倒的に一人前になるスピードは速いでしょう。また、その後も先輩を上回るような活躍をするに違いありません。

しかし、若いうちに転職を繰り返せば、そのたびに最初からやり直さなければならず、どうしても時間のロスは避けられない。さらに、ビジネスマンにはそれぞれのレベルに応じたビジネススキルやリーダーシップがありますから、その習得が遅れれば、せっかく五％ビジネスマンのレベルに達していたのに、結局あとから来た人たちに追い抜かれているということにもなりかねません。

以上が、私が三十歳まで転職厳禁と主張してきた理由です。私としては、できれば五％ビジネスマンからプロ経営者候補へと成長を遂げる四十代中盤くらいまで、転職はしない方がよいと考えてきました。

なぜ、転職経験者の方が優秀なのか

しかし、ここ数年、若手ビジネスマンと面談していて気がつくことがあります。一、二回転職を経験している人材の方が、ずっと同じ会社に勤めている人より格段に優秀なのです。もちろん、すでにグローバルな展開を果たしている超一流企業の五％ビジネスマンともなれば、転職組と遜色のない人材なのですが、それ以外だとかなりの大手企業の社員でも確実に見劣りしてしまう。転職組と比べると生え抜きできているビジネスマンは、妙に幼く見えてしまうのです。

以前はむしろ逆でした。転職を繰り返す人というのはどんなに優秀でも、いつまでも自分探しを続けている夢見がちな若者というイメージで、ビジネスマンとしての基礎ができていないばかりでなく、メンタル面でどうしても不安要素が残ったものです。それがなぜ逆転してしまったのでしょうか。私たちの会社、縄文アソシエイツの若手社員の意見なども参考にして、その理由を考えてみました。


最も大きいのは、やはり現在、日本企業が大きな転換点にさしかかっているということではないでしょうか。

日本企業がグローバル競争に打って出ざるを得ない状況にあるということは、本書でこれまで何度も述べてきたとおりです。そのために、人事制度を含め会社のシステムも大幅に刷新しなければならないのですが、現実にはなかなかそれに手がつけられない。

最大の抵抗勢力は、若い世代から見れば直接の上司である中間管理職です。もちろん、彼らも刷新の必要性は分かっていますが、自分達に直接影響が及ぶような形で痛みを伴う変革が行われるのは、何とか避けたいと考えており、どうしても及び腰になってしまう。

そんななかで、たとえば前述したD君がこれまでのやり方を踏襲するばかりで上意下達から抜け出せない上司たちにすっかり幻滅してしまったように、優秀なビジネスマンであればあるほど、このままいけばグローバル競争に本格的に参入することもできず、先がないということが見えてくるのだと思います。

こうした状況に拍車をかけているのは、人材育成システムの疲弊です。日本企業が従来とってきた横並びによる育成では、リーダーどころか新人教育すらままならなくなってきているようです。

伸び盛りの若手はビジネススキルをドンドン吸収して、よりレベルの高い仕事にチャレンジしたいと考えているのですが、今の日本企業のシステムでは、年齢に応じたレベルに到達するとなかなかそこから先へは進めない。優秀なビジネスマンにとっては、それが大きなフラストレーションとなります。

近年では、特に優秀な人材は就職活動に際して外資系企業という選択肢を検討するケースも少なくないので、外資の職場環境に関してもある程度知識があります。早い段階でどんどん選抜が行われる外資の環境と比較したとき、自分自身が遅々として成長していないというジレンマに陥ってしまうことも十分にありえることです。

この会社にいたのでは、これ以上自分を伸ばせない――。

そう考え、より自分を成長させることができる場所を求めて転職する、あるいは、海外留学してキャリアアップを図る、という人が増えているのではないでしょうか。

中央官庁から逃げ出す若手キャリア官僚たち

民間企業よりさらに深刻なのは中央官庁です。この十年ほどの間に、若手キャリア官僚の転職が激増しているのです。難関といわれる国家公務員総合職試験をパスし、最初から少数精鋭のエリートとして将来を約束された存在である彼らが、なぜ惜しげもなくその恵まれたポストを捨ててしまうのでしょうか。

その理由は、つまるところ仕事にやりがいを見出せないからだと思います。

かつて、戦後の復興期から高度成長の時代にかけて、官僚たちはまさに日本の礎を築き、骨格を組み上げるような仕事をしてきました。しかし、国家という建物が出来上がり、低成長の時代に入ると、官僚たちに任されるのは部屋の改装とか、雨漏りを直すような仕事ばかり。たまに大きなプロジェクトがあっても、犬小屋や物置づくりぐらい。もっとも、国家自体にガタがきているので、こまめな修繕を求められ、やたらに忙しい——。

これでは到底、仕事にやりがいを感じることなどできないに違いありません。

その結果、多くの若手官僚が霞が関を去っていきます。そして、彼らの受け皿となるのが、もっぱら外資系企業です。

そもそも、国益を増進するために公務員となったはずの優秀な人材が、官にも民にも能力を発揮する場を見出せず、外資に流出してしまうというのは、何とも歯がゆい限りではあります。しかも、外資への転職によって彼らは官僚時代の五倍から十倍もの報酬を手にすることになる。

しかし、だからといって、彼らをエゴイスティックだと誹《そし》るのは、やや短絡的ではないでしょうか。あくまで高額の報酬は副産物に過ぎないからです。私自身、たくさんの転職志望の若手官僚と面接した経験がありますが、その多くは自分の能力をもっと活用して成長していきたいと真剣に考えていました。そのやむにやまれぬ思いが、彼らを転職へと突き動かすのです。

できれば、そういう気持ちを持ち続けて、外資のノウハウを吸収し、自らを伸ばしていってほしいと思います。そのうえで経営でも、法律や会計などその他の専門分野でも、プロと言えるような人材となって、日本のビジネス界のために役立ってもらえるのなら、それはそれで十分国益に適《かな》っているといえるでしょう。

そのやむにやまれぬ思いは、民間企業からの転職者にも共通しています。彼らもまた会社と自分の現状と将来について考え抜いた末、その思いに従って転職を決断するのです。

企業をめぐる状況を振り返れば、この十数年間、グローバル化、ＩＴ化は留まることなく進展し続け、そんななかで企業の業務はどんどん拡大し、複雑になってきています。その一方で、組織自体は変革の過渡期にあるため、十分に機能しているとは言いがたい。にもかかわらず、サラリーマンである以上、辞令ひとつでどこに行かされるか分からないのが実情です。そのため、往々にしてミスマッチに悩まされることになります。だから、自分の将来を真剣に考えれば考えるほど、組織に自分の運命を委ねてしまうのは危ういと認識せざるを得ません。

そのリスクを回避するために、よくよく考えたうえで転職を選択するのなら、少なくとも自分で自分の人生を切り拓いているという意味で、人生を能動的に生きているといえるでしょう。私たちが彼ら転職経験者に接したときにも、そういう姿勢がポジティブな印象につながっているのだと思います。

まず、転職ありきということではない

しかし、誤解をしないでいただきたいのは、私は二十代、三十代の若い世代に転職を薦めているわけではないということです。「三十歳未満転職禁止」という持論を変えるつもりはありません。

確かに私たちが面接をした範囲では、転職経験者が非経験者より優秀だということが言えるでしょう。しかし、まず転職ありきということではありません。

転職とは、相当高いレベルで仕事に取り組み結果を出してきた人が、いろいろ努力をしたうえで、この場所ではもうこれ以上自分を伸ばすことができないと思った時、初めて選択肢として浮かび上がってくるものです。この職場がイヤだとか、上司が気に入らないなどという理由で転職しても、うまくいくことはまずありません。特に若い世代に対してはこの点を強調しておきたいと思います。

本章で述べてきたとおり、若手の優秀な人材が転職してしまう背景には、変革のただ中に置かれた日本企業の混乱した状況があります。しかし、時間とともにそれも収束に向かうことでしょう。欧米の企業でもGEやP&Gのように企業文化がしっかりとしている会社は、人材育成システムもきちんと整っていますが、日本企業もやがてそちらの方向に向かうと考えられるからです。逆にそうでなければ、企業自体の存続が危うくなりかねません。

いずれにせよ、要は転職するしないにかかわらず、やるべきことをきちんとやっておくということです。それにより、企業にとどまった非転職組が、四十代に入って転職組を逆転し、プロ経営者候補に成長するということも十分に考えられます。

それでは、二十代、三十代で何をやっておくべきなのか、本章の後半では、その点について述べていきたいと思います。

現在、二十代、三十代の読者は、ぜひ参考にしてください。また、すでに四十代以上の方々は、自分のビジネスマンとしての人生を振り返って、やるべきことをやってきたのかどうかを確認し、もし、不足していることがあれば、今からでも補っておけば、決して無駄にはならないはずです。さらに、若い部下を指導・育成するうえでも大いに役立つに違いありません。

若手ビジネスマンに向けた「仕事の心得」

日本企業の社員の構成については「二対六対二」となっているということは、これまで何度も述べてきました。実際に会社を支えているのは上位の二割で、続く六割は中間層の平均的な社員、そして最後の二割が箸にも棒にもかからないダメ社員です。五％ビジネスマンを目指すのであれば、まずは上位の二割に入ることを目指さなければなりません。

だいたい早い人だと入社後五年から十年くらいで、誰もが一目を置くような「エース級」の社員として頭角を現すものです。

仕事の巡り合わせによる向き不向きや運不運、人間関係が影響して実力が発揮できないケースもあるかもしれませんが、遅くとも入社十五年以内には上位二割に入っておかなければ、さらに上の五％ビジネスマンを狙うことはできません。このことはよく覚えておいてください。

それでは、上位二割とその他の八割ではどこが違うのでしょうか。

最大の相違点は仕事に取り組む姿勢にあります。上位二割の人材は常に「仕事をするとはどういうことか」を意識しています。もちろん、簡単に答えの出る問いではありません。しかし、そう意識し続けることで、仕事の真の魅力、面白さがどこにあるのかを追求しているのです。だから、決してマンネリに陥ってしまうことがない。

同時に、どうすれば仕事を通じて自分を成長させられるかを考えるのに余念がありません。持続的な成長は、ビジネスマンにとって最大の課題と言えるでしょう。上位の二割に入ったり、さらに、五％ビジネスマンやプロ経営者候補となることも、成長し続けることではじめて可能になるからです。だから、二十代のうちに成長を持続させるためのビジネスマンとしての覚悟と習慣を身につけておくことは、その後の人生に決定的な影響を与えるといっても過言ではありません。

以上のことを念頭に、「仕事の心得」を若手ビジネスマンに向けて、具体的な行動に落とし込んでまとめてみました。すぐにでも役に立つことばかりなので、ぜひ実践してみてください。

●いかにして本物の仕事と出会うか

①いい仕事をしたければ、まず第一に自分の仕事を愛しなさい

特に若いビジネスマンに多いのですが、希望するセクションに配属されなかったとか、やりたいことをやらせてもらえないなどと言って、やる気をなくしている人がいます。しかし、それではいつまでたってもスタート地点に立てません。仕事がどういうものであるかは、本気で取り組まなければ分からないものです。それをしないで文句ばかり言っているのは、ただの食わず嫌いに過ぎません。どんな仕事でも自分から積極的に取り組めば、さまざまな気づきや発見があるはずです。いかにして効率をよくするか、品質を向上させるか、常にそういうことを考えながら仕事に取り組むようになれば、ますます仕事が面白く、好きになっていくはずです。

②陽の当たらない仕事は、自分の価値を示す絶好のチャンス

また、必ずしも花形セクションに配属される必要はありません。むしろお荷物と言われるような部署に配属になった方が、早くチャンスを摑めることがあります。追い風に乗って結果を出しても当たり前だと思われてしまいますが、逆風にも負けずある程度の成果を上げれ

ば、大きな注目を集めるに違いありません。そのためには大変な努力や工夫が必要なことが会社には分かるからです。前述したとおり、名経営者と言われる人のなかには若い頃、傍流を歩んできた人が多いということも、こうしたことを裏付けていると思います。もし、陽の当たらない部署に配属されたら、今は目立たないかもしれないが、自分の力で会社で一番の部署にしてみせるというくらいの意気込みで働いてください。

③当たり前だが些細なことに気がつく人になろう

大企業になればなるほど、仕事は細分化され、自分に任された仕事だけをこなせばいいという意識が強くなります。そうすると、たとえば職場で目の前にゴミが落ちていたとしても、「清掃業者が拾えばいいじゃないか」と気にもとめなくなります。驚くかもしれませんが、世間で名のとおった企業に勤めている人ほど、こういう傾向が強くなります。しかし、考えてみれば自分の職場をきれいにすることは、プロとして当然のことではないでしょうか。そういう当たり前のことに気づいて、すぐ実行することが良い仕事につながっていきます。

④二十代は仕事の型を覚えることに徹しよう

二十代の仕事にまだ創意工夫の余地はありません。もちろん、仕事に創意工夫は不可欠ですが、そのためには仕事の基礎となる型をしっかりと身につけておく必要があります。二十代はそのための時期です。一つの仕事の型をものにするのに三年はかかると思いますが、それで修業時代が終わるわけではありません。一つの型を覚えたら、別のジャンルの仕事に挑戦してみましょう。そうやって複数の型を身につけておけば、三十代以降で大きな財産となるはずです。オリジナリティを発揮するのはそれからでも遅くありません。

⑤尊敬できる人を見つけて、その人を真似ることから始めよう

営業成績がいつもトップの先輩、ユニークな企画を次々と提案するアイディアマン、常に組織の課題を先取りして改善策を打ち出す上司——。自分もあんな風に仕事ができたらいいなと思えるような人を身近に探し、その人のやることを徹底的に真似してみましょう。その人の思考パターンや行動パターンを身につけることで、「もしもその人だったら」と頭の中でシミュレーションし、それを実行すれば、うまくいく確率も上がるはずです。もしもまわりに尊敬できる人、憧れる人がいないのなら、他部署や社外の人で探してみるという手もあります。あるいは、あの人のあの部分は優れているから真似してみようということでも構いません。ビジネスマンにとって真似は決して恥ずかしいことではありません。むしろ、きちんとした人間観察に基づいて人の良い点を見出せる能力は、おおいにあなたの助けになるでしょう。

⑥若いうちに少なくとも三年間は仕事に没頭してみよう

九時五時の仕事を週五日繰り返すだけでは、なかなか一人前のビジネスマンにはなれません。人より早く会社に来て、人より遅くまで働く。土日も返上、もしくは人脈を広げるとか外国語を学ぶとか、何か仕事に役立つことに充てる。そうやってがむしゃらに働いた経験がブレイクスルーにつながります。実際、成功したビジネスマンには、若い頃に人の二、三倍は働いたという人が少なくない。さらに、三十代、四十代になってもその仕事のペースを持続しています。そこまではいかなくとも、後から考えてよくあそこまで仕事をしたものだという経験は、決して無駄にはならないはずです。

⑦応用のきく仕事のコツは二十代で摑んでおこう

「仕事とは何か」を考えたとき、そのひと通りの流れは次のようなものです。すなわち、その基本的な進め方から始まり、社内外の関係者、関係部署との関係の築き方、進捗状況の確認と遅れの取り戻し方、トラブルへの対処——。ビジネスマンはこれらを経験したうえで、知識やノウハウとして蓄積しておく必要があります。七、八年かけてこれらを完全に身につけ、応用がきくようにしておけば、はじめて取り組む仕事にも十分対処できるようになります。これが仕事のコツを摑むということです。ぜひとも二十代のうちにこのレベルに達しておきましょう。

⑧業務時間外に頼まれた仕事は、成長のきっかけを摑む千載一遇のチャンス

たとえばプロ野球でも、新人選手がいきなりレギュラーに抜擢されスターティングメンバーに名前を連ねることは、ほとんどありません。一部のスター選手は別として、多くは代打からスタートして、実力を認められレギュラーの座を摑むものです。ビジネスマンにとって代打とは何でしょうか。先輩が急病になったので代わりに得意先に行かされるということもあるでしょう。あるいは、夜の八時、九時になって急に会社にとって重大な問題が発生し、たまたま残業で残っていたあなたにも手を貸してくれと声がかかるかもしれません。通常の業務時間帯に若手社員に重要な仕事が任されることはまずありません。業務時間外に起こった緊急事態だからこそ、たまたまそこにいるあなたに声がかかるのです。そういうチャンスを逃す手はありません。ぜひものにしてください。

●成長し続けるビジネスマンになるために

①一ミリでもいいから毎日、人とは違った価値を積み上げていこう

学問に王道がないのと同様に、仕事にも王道はありません。自分の価値を高めたいと思ったら、毎日少しずつでもコツコツと積み上げていくしかない。そのためには、人とは違った

働き方をする必要があります。人より早く出社して、遅くまで働くというのは一つのやり方でしょう。人があまり手を出したがらない仕事に、あえてチャレンジするという方法もあります。そうしているうちにあなたのまわりに同じように向上心の強い人たちが集まってくるはずです。彼らの存在が刺激になったり、彼らのやり方がスランプ脱出のヒントになったりすることで、良い循環が生まれれば、さらに自分の価値を高められることになります。

②目標はできるだけ高く、どうせなら「世界一を目指す」くらいがいい

目標を高く掲げれば掲げるほど、仕事を見る視線が高くなり、高い問題意識を持つことができます。世界一というのは突拍子もない目標だと思うかもしれませんが、目標の設定によって、仕事の質も集まってくる情報も変わってくるものです。だから、常日頃から世界一を意識し、それを習慣化してしまえば、自然と仕事の質や情報に対する感度も高まっていくことでしょう。それを続けることで、世界一にはとどかなくても、社内一になる可能性は十分にあります。

③世界でのビジネスを想定し、仕事のなかで常に英語を意識しよう

これからの日本企業は世界で勝負しなければ生き残れない以上、もはやビジネスには「国内」と「海外」の区別はありません。そういう時代背景を考えれば、英語は不可欠です。同

時に、特にグローバルスタンダードとなっている欧米の商習慣や考え方も理解しておく必要があります。ただし、それを真似して欧米人のようにふるまえといっているのではありません。逆に重要になってくるのは日本人としてのアイデンティティだということは忘れないでください。

④困難な道の方が、むしろ成功への近道となる

「若い頃の苦労は買ってでもしろ」といいますが、そのとおりだと思います。難しい仕事に取り組んで苦労した経験が、人を育てる糧となるからです。しかし、ある程度仕事の要領を覚えうまく回り始めると、誰しも苦労したいとは思わなくなるものです。そこであえて皆が避けるような困難な課題を引き受けられるようになれば、あなたはさらなる成長の一歩を踏み出すことになるでしょう。さらに言えば、苦労が成長の糧となるのはなにも若者だけではありません。中堅になっても、ベテランになっても、あえて困難な道を選択し続けることで、五%ビジネスマンやプロ経営者候補へと成長していくのです。だから、そういう次元のビジネスマンを目指すのなら、なるべく早い時期に苦労することを習慣化するべきでしょう。

⑤圧倒的な量をこなすから、ブレイクスルーが起きる

私が尊敬する経営者で、どうしても契約を取りたければ、お客様のところへ百回営業に伺

うとおっしゃる方がいます。もちろん、漫然と通うわけではありません。毎回、どう話を切り出して、どう相手の心を摑み、どう売り込むのかなどを一生懸命に考えて、工夫を凝らすそうです。私も証券会社で営業をしていた経験がありますから、百回となるとどれほどきついのかはよく分かります。しかも、それで確実に契約が取れるわけではない。どうしてもダメだということもあるでしょう。それでも、百回営業に通った経験は決して無駄になるわけではありません。それだけの数をこなした人間にしか分からない自信が芽生えてくるからです。「量を重ねて質となす」という言葉どおり、がむしゃらに量をこなすことがブレイクスルーを起こすきっかけとなることが少なくありません。そしてこのブレイクスルーをきっかけに、ビジネスマンはさらに飛躍していくのです。

⑥イヤなことから逃げない勇気を持とう

仕事の基礎はすべて幼稚園で学んでいるということは、すでに述べたとおりです。

・あいさつをする
・ウソはつかない
・ありがとうを言う
・後片付けをする
・皆と楽しく遊ぶ

・勇気を持って「ごめんなさい」を言う
・同じことを何度も注意されない

これらに加えて最も大切なのが、「イヤなことから逃げない勇気を持つ」ということです。これらのことが本当にきちんと実行できれば、一部上場企業の役員くらいには十分なれるはずです。上場企業の役員を馬鹿にしているわけではありません。基本をきちんとこなすのはそのくらい難しいということです。

⑦苦しいときこそ明るくふるまって、職場を盛り上げよう

仕事をしていて思うような結果を出せないと、気持ちまで落ち込んでしまうものです。特にチームで一つの仕事に取り組んでいるときに、そういう気持ちが仲間に伝染すれば、職場全体が陰鬱なムードになり、できる仕事もできなくなってしまいます。どんなにうまくいかないときでも明るくふるまっていれば、そのうちに光明が見出せるに違いありません。そんな職場のムードメーカーになってください。そうすれば、組織の中でなくてはならない存在とみなされるようになるはずです。

⑧仕事でまわりを楽しませる人になろう

本書で何度も述べてきたとおり、働くとは「傍《はた》を楽にする」ことだというのが私の持論で

す。「楽」という字はまた、「たの」しいとも読みます。だから、働くことでまわりの人を楽にするばかりではなく、喜びや楽しみも分かち合えるようにしなければならないと思います。そのためにはまず、自分の仕事に生きがいや喜びを感じていなければなりません。逆にそういう気持ちを忘れない人は、必ず良い仕事ができるものです。

以上、「本物の仕事とは何か」「どうすれば成長を持続できるのか」という二つの観点から、それぞれ八つずつ計十六の心得を述べてきました。これらはすべて私自身がヘッドハンターとして企業経営者の方々のお話を聞くなかで、成功するビジネスマンに共通する要素を抽出してまとめたものです。目から鱗というものもあれば、基本中の基本と感じるものもあると思います。いずれにせよ、すべてを実践すれば、二十代のうちに必ず上位二〇%には入れるはずです。もしあなたが五%ビジネスマンやプロ経営者を目指すのであれば、その第一歩としてトライしてみる価値は十分あると思います。

四十歳までに身につけておくべきこと

次にリーダーシップという観点から、二十代、三十代に何をしておくべきかについて述べていきたいと思います。リーダーシップをいかに培うかということは、まさに人材育成の要

図4-1 人間の体力と気力の推移

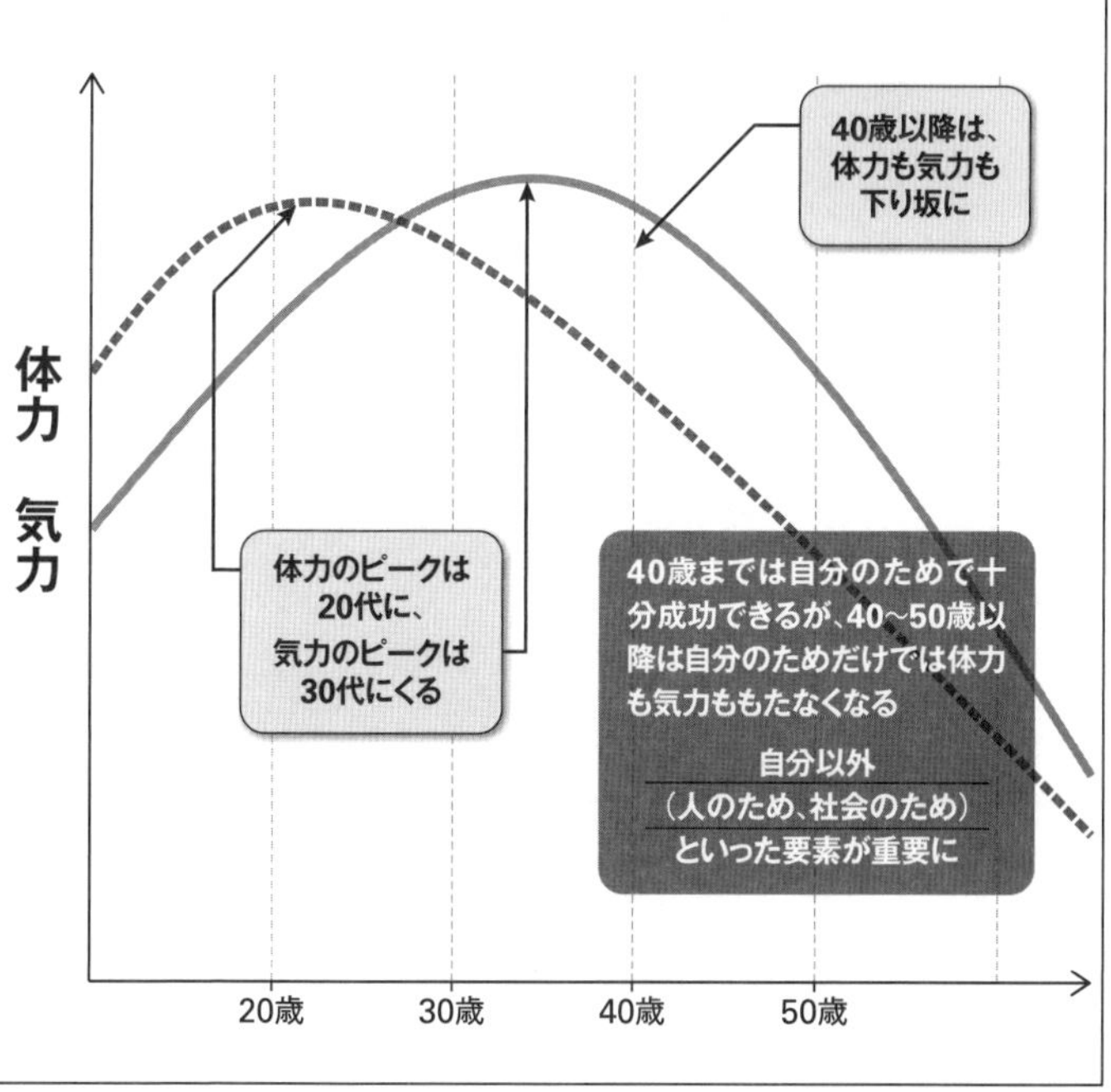

体力
気力
40歳以降は、体力も気力も下り坂に
体力のピークは20代に、気力のピークは30代にくる
40歳までは自分のためで十分成功できるが、40〜50歳以降は自分のためだけでは体力も気力ももたなくなる
自分以外
（人のため、社会のため）
といった要素が重要に
20歳
30歳
40歳
50歳

といっても過言ではありません。

前章ではリーダーに必要な資質として、「理念・志」「仕事の能力（ハードスキル）」「ソフトスキル」という三つを挙げ、具体的にどんなことがそれぞれの資質に該当するのか解説しました。それらを時間軸上に並べたのが前章の終わりのほうに掲載した図3－2です。

ほとんどの項目は四十歳以前に身につけておかなければならないということは、すでに述べたとおりです。

「理念・志」のなかで「自己肯定感」や「将来の夢」などの資質は、幼少期からの成長過程で培われていくものです。それがビジネスマンの経験を経て、三十代から四十代にかけて以降に「自分の存在意義」「守るべき対象」「死生観」の形成へとつながっていきます。後で説明しますが、これらの項目はリーダーにとって非常に重要な意味を持ちます。

「仕事の能力」のなかでは「論理的思考力」、「ソフトスキル」としては「コミュニケーション能力」「共感する力」は、社会人になる以前に、大学までの勉強や交友関係、部活、アルバイト経験などを通じて身につけておくべきものです。

会社へ入社後、新入社員や若手として日々経験を積むなかで、あいさつや電話の受け答えにはじまり、仕事への取り組み方や進め方など「仕事の基礎」を身につけると同時に、さまざまな専門知識として「ビジネススキル」「ストレス耐性」を学びます。また、「ビジネススキル」「ビジネス論理」については、ＭＢＡなどで習得するという人もいるでしょう。

一人前のビジネスマンへと成長した後、二十代の終わりから三十代、四十代の初めくらいにかけて、「周囲を動かす力」「凄み」「ストレス耐性」などの「ソフトスキル」を身につけなければなりません。これはチーム、さらには会社全体を率いるリーダーとしての基礎訓練でもあります。

最も重要なのは人との出会い

ここまで、各年代でどの資質を伸ばすべきなのかについて、述べてきました。ここでポイントとなるのは、すでに述べたとおり四十代に入ると、体力、気力ともにすでに下り坂に入っているということです。

一般的には体力のピークは二十代に、気力のピークは三十代にくるといわれます。だから、四十歳までは自分のためということで十分成功できますが、それ以降は自分のためというだけでは体力も気力も続かなくなる。人のためとか、会社のためとか、自分以外のことが重要になってきます。だから、三十代から四十代までにそういう価値観や志をきちんと身につけておかなければなりません。

それでは、そういう理念や志をいつどうやって見つければいいのでしょうか。一つのポイントとなるのは「出会い」です。そのタイミングについて考えるとき、参考になるのが『論語』の次の一節です。

「子曰く、吾《われ》十有五にして学を志す。三十にして立つ。四十にして惑わず。五十にして天命を知る。六十にして耳順《したが》う。七十にして心の欲するところに従えども矩《のり》をこえず」

孔子は、十五歳で学問の道に入ることを決意し、三十歳でその基礎を確立。四十歳で戸惑うことがなくなり、五十歳で天が与えた自分の使命を知った。六十歳で何を聞いても動じなくなり、七十歳になったときには、自分の心の赴くままに行動しても道理を外れることがなくなった――というのがだいたいの現代語訳です。

人間の本質というものは、孔子が生きていた二千五百年前とあまり変わっていないと思います。だから、精神的に成熟してくるのは三十歳前後ということになる。その段階でロールモデル、あるいは反面教師となるような人物との出会いが必要だというのが私の考えです。

さらに、不惑といわれる四十歳までに、心を大きく揺さぶられるような出会いをしておくことが求められます。それが五十歳で自分の使命を知るうえで、大きな役割を果たすことになります。

重要なことは「人は皆、人を浴びて人になる」ということです。つまり、自分一人では何もできない。物事は常に人と人との出会いを通じてしか進展していかないということです。

もちろん、人との出会いはいいことばかりではありません。多くの場合、トラブルもまた人が運んでくるものです。ある人との出会いがきっかけとなって、とんでもないことに巻き込まれて苦労をしたという経験は、誰しも一度や二度はあると思います。

だからといって、人付き合いを億劫がったり、がっちりと鎧《よろい》に身を包んで人に接するようになったりすれば、人との出会いを活かすことができなくなる。特にリーダーとしては、これは致命的な欠陥となってしまいます。

だから、三十代までになるべく多くの人と知り合うことで、出会いをポジティブな方向に活用することを訓練し、身につけておかなければなりません。

フェイスブックの「いいね」に固執するな

「出会い」という観点から、やや気になることがあります。本章の最後に、特に若手の優秀なビジネスマンに対して、この点について述べておきたいと思います。

三十代で確実に五％ビジネスマンに入っているような人材と面談や勉強会などで接して感じたのですが、彼らのなかには成功することばかりでなく、そのプロセスにも強いこだわりを持っている人が少なくない。なるべくきれいなキャリアを渡り歩いて成功したいというのです。

きれいなキャリアとはなんでしょうか。それはつまり、一流大学を優秀な成績で卒業し、大手一流商社に入社、会社の派遣で米国に留学しＭＢＡを修了後、外資系金融機関へ転職、さらに独立してＩＴベンチャーを起業――という、絵に描いたようなサクセスストーリーです。

大手一流商社が中央官庁やグローバル企業、外資系金融機関がコンサルタント会社に置き換わってもいいでしょう。最終的には起業した会社を上場させるのが一つの目標となりますが、プロ経営者として上場企業を任されるというのも一つの選択肢になるかもしれません。いずれにせよ、基本的にはすべてピカピカの一流のキャリアばかりです。

私などが聞いていると、そんなにうまくいくものかなと思ってしまいますが、それを真剣に追求している。一方で泥臭いことには拒否反応を示す傾向がある。だから、古いタイプの経営者にはほとんど興味を示しません。

もちろん、目標の一つとなる以上、プロ経営者にはおおいに関心を持っています。しかし、プロ経営者を招いた勉強会でやや違和感を覚えたのは、そのプロ経営者の経験から何かを学ぼうというより、自分があなたの立場だったらこうするというように、すでに対等な視線で接していることです。

私だったら、たとえばそのプロ経営者が三十代で何をしていたのかとか、どんなことに重点を置いて自分を鍛えていたのかなどを聞き出して、それを自分なりに真似てみようというふうに考えますが、そういう興味はほとんどないようでした。

誤解しないでほしいのは、私としては若い世代を批判しているつもりはないということです。ドブ板的な努力をするしないは結局、本人の判断ですし、プロ経営者と対等な意識を持てるというのも、むしろ頼もしいという見方もできます。しかし、縦のベンチマーキングをうまく活用して必要な知識やノウハウを手に入れないというのは、いかにももったいないと思うのです。

一方で、五％ビジネスマンに限らず、多くの若い世代のビジネスマンは、横には強力なネットワークを築いています。その担い手となるのは、インターネット上のソーシャルネットワーキングサービス（ＳＮＳ）です。

このＳＮＳを介した横のベンチマーキングにより、同年代の人間が何をやって、どんな成果を上げているかには強い関心を寄せています。同時にＳＮＳを通じて、自らの成果も積極的に発表、それがある種のステータスになっているようです。彼らがきれいなキャリアにこだわる原因もこの辺りにあるのかもしれません。

もちろん、だからといってそれが悪いとは言いませんが、キャリアにばかりこだわることのマイナス要素には気をつけておく必要はあるでしょう。そもそもＩＴを介したコミュニケーションには、自分と同意見の人間のみが集まりやすいという特徴があります。だからこの辺りを踏まえたうえで情報を読み解くという、いわゆるリテラシーが求められます。ところが、若い世代には「ＩＴを活用すれば何でもできる」と、単純な「ＩＴ万能論」を唱えている人が少なくない。そのため、ＳＮＳなどを通じた評価を、絶対視してしまう傾向があるようです。この点には、懸念を覚えざるを得ません。

昔から、若くして頭角を現してきた経営者やビジネスマンを潰してしまう一つの要素として、名誉欲というものがありました。羽振りのいい姿を世間に見せびらかしたり、マスコミに頻繁に露出して自分の業績をアピールしているうちに本業が疎かになり、四十歳を過ぎるとあとから来た人たちに追い抜かれているというのが一つのパターンです。

横のベンチマーキングを意識して、たとえば経済マスコミの電子版に登場したがったり、フェイスブックで「いいね」を何百個もらったといって悦に入っているのも今日的な意味での名誉欲かもしれません。あまりにそれに固執して、本質を見失わないようにしなければなりません。

第5章　四十代から五十代——決断のとき

ビジネスマンにも売り時はある

最近のことですが、日本のビジネス界を驚かせる一つの〝事件〟がありました。役員序列で三十人以上をごぼう抜きして、日本を代表する一流名門企業に五十代前半の新たな社長が誕生したのです。

この予想外の人事は私たちヘッドハンターの業界にも少なからず影響を与えることになりました。社長が五十代前半である以上、それより年上はもちろん、同年代の役員や幹部社員は会社に居づらくなったからです。もちろん、だからといってすぐに辞めてくださいというわけではありません。また、会社がしかるべきポストや出向先を用意してくれる可能性も高いと思います。

しかし、これまで各部門のリーダーとしてバリバリ働き、会社を支えてきたと自負するエリートたちですから、そんな処遇に満足できない人も少なくなかったようです。それで、転職を検討するために、ヘッドハンターやキャリアコンサルタントのもとを訪れる人が続出し、転職市場に同社の人材が溢れるという結果になりました。

すでにグローバル企業としても名を馳せている同社だけに、その役員や幹部社員となれば相当の価値があるはずなのです。しかし、そこには冷徹な市場の論理が待ち構えていました。

つまり、どんなに優秀であっても供給が過剰であれば、価値は下がってしまうのです。

私たち縄文アソシエイツにも何人かの方がいらっしゃいましたが、皆さんに申し上げたのは、「もし、五年前にご相談に来ていたら、本当に引く手あまただったんですけどね」ということでした。

別に皮肉を言っているわけではありません。私が申し上げたいのは、はなはだ失礼ながら、ビジネスマンにも売り時があるということです。それを逃すと転職しようにも、なかなか思うに任せないということになってしまいます。

そしてもう一つは、これからのビジネスマンに〝安全地帯〟はないということです。

四十歳以上は転職の覚悟を持つべき

この会社は、日本でもいち早くグローバル化を成し遂げ、世界に通用する一流企業なので、おそらく経営状態に関しては誰も心配していなかったはずです。しかも、役員や幹部社員に抜擢されている人たちなので、かりに社長にはなれなかったとしても、それなりのポストには就いていて、一定の年齢まではバリバリと活躍する——そんな将来の青写真を思い描いていたのではないでしょうか。

しかし、予想外のトップ人事による大胆な経営陣の若返りにより、夢は潰えてしまいました。会社としては経営をよりアグレッシブなものにするための人事だったと思われますが、経営がしっかりしている企業だからこそ、そんな大胆な改革も可能だったと言えるでしょう。

考えてみれば「○○人抜き」とか「○○飛び」といわれるような経営者の大胆な若返り人事は、これまで何度か日本企業で繰り返されてきたことです。背景には大胆な業態や組織の見直し、不祥事などによる経営不振からの脱却など、その都度さまざまな要因がありました。ただし、そうした企業においてその後も若返りが恒常化したわけではありません。いったん経営陣が若返ってしまうと、その後はまた順送りの人事が続いて、元の年功序列に戻ってしまうのが通例でした。

しかし、今回の場合は背景にグローバル競争の激化がある以上、同じような大胆な人事は今後も続くでしょうし、同様の事態はどこの会社でも起こりうると思います。

一流企業の役員や幹部社員になるほどの優秀な人材でも、組織の都合に振り回されてしまうのがサラリーマンの辛いところです。そうした会社に残るリスクもあるということは、常に意識し続けなければなりません。

こうした境遇に立ち向かうためには、強い精神力が必要となります。それを養う方法として私が提案するのは、四十歳以上になったビジネスマンは一年以内に転職する覚悟を持ってみるということです。

実際に転職するわけではありませんが、そういう意識で自分のやってきた仕事、能力、今後の展望や希望などを見つめ直してみるのです。そのうえでスカウトする側の論理をシミュレーションしながら、売り買いされるという認識に立って自分の市場価値というものを考え、不足している能力があるなら補うように努力する。

決算日を迎える会社では業績をきちんと把握するために棚卸しが行われますが、同じことを数年に一回でも自分自身にもやってみると言えば、分かりやすいでしょうか。

そういう覚悟ができていれば、たいていのことが起きても慌てずに、泰然自若として対応できるものです。

また、定期的に自分と自分の能力を見つめ直していますから、今の会社で自分をこれ以上成長させられないという状況になれば、それがすぐに分かります。そういうときは転職を真剣に検討することも一つの選択肢となるでしょう。転職しなかったとしても、自分を追い込むような危機感を持って仕事に取り組んでいれば、数年前より自分自身の価値を下げてしまうようなことにはならないはずです。

役員評価で「氏素性」が重要となる理由

いずれにせよ、能力が伴わなければ、自分に対する棚卸しも転職も、他人事に過ぎません。

そもそも、トップ人事に翻弄されることもないでしょう。ただし、だからといって高みの見物というわけにはいきません。その理由は後述します。

それでは、この年代までに身につけておくべき能力とは具体的にはどんなことなのでしょうか。さらに、それをどうやって身につければいいのか――次にこの点について述べていきたいと思います。

私たち縄文アソシエイツでは、上場企業の役員評価もビジネスの一環としています。これまで、幅広い業界の日本企業を中心に、数十社の役員・幹部社員の評価を実施してきました。直近三年間で、延べにすると役員だけでも二百人以上になります。

現実にそうであるかはともかくとして、役員と言えば、一般的には五％ビジネスマンどころか、さらに数少ない人材のはずです。だから、五％ビジネスマン、さらにその上を目指す人たちにとってもこの評価は大いに参考になると思います。

このようにごくわずかの人材ですから、ビジネスマンとして職務を遂行するために必要な資質や能力などは備わっていて当然です。だから、役員に対する面接に際しては、もっと普段は見えにくい要素を引き出して評価することが重要となってきます。

そこで私たちは、「リーダーとしての資質」「会社との距離」、そして「氏素性」という評価軸を立てて、それに沿った形で評価項目を設定しました。前述した、役員としてできて当たり前の「ビジネスマンとしての能力・資質」を含めた具体的な評価項目の例は次に示すと

図5-1 役員·幹部社員の評価軸と評価項目

評価軸	評価項目(例)
ビジネスマンとしての能力·資質 (職務遂行能力)	事業勘、運の良さ 結果重視 実行力 変化への対応 イノベーション 戦略策定能力 顧客志向 現場志向 環境変化認識 グループ経営 グローバル対応 コミュニケーション 協働·人材育成
リーダーとしての資質 (器の大きさ·人間性)	人間的魅力 己に対する厳しさ リーダーシップ 社会性 危機感 ストレス耐性 チャレンジ精神 ダイバーシティ 見栄え 向上心 地頭·教養 感受性 倫理観
会社との距離	方針の共有 愛社精神
氏素性	育てられ方·両親の存在感 社会人前の思い出

おりです。

　これらの評価項目に基づいて、各役員がエグゼクティブの人材市場において、どの程度の価値があるのかを絶対的な評価として示すと同時に、個々人に対してマーケット価値を高めるための課題も提案します。こうした絶対評価のみならず、能力や適性を役員間で順位付けすることで、相対評価を試み、今の人材の中で誰をどのポストに就けるのが適切なのかも明らかにします。


　私たちの人物評価では、普段は見えづらい人間性の部分に注目し、人物像全体や潜在能力を見極めるということを基本的な方針にしています。そのために重要なのは、「氏素性」の部分です。私たちは評価対象者の幼少期にまで遡り、人物をより深く掘り下げています。

　最近では個人情報保護の意識の高まりの影響もあり、入社試験の面接で親の職業はおろか、出身校すら質問するのがはばかられる風潮があります。これについては各社がそれぞれの方針で行なっていることだと思いますので、特に異論はありません。

　ただし、入社後も仕事を離れたコミュニケーションがあまりないということには、やや違和感を覚えます。経費削減のため会社の独身寮や研修施設などの福利厚生施設が閉鎖され、若手社員が同じ釜のメシを食うような機会がなくなり、アフターファイブも昔のように職場の仲間や同期で飲みに行くこともめったにない。ましてや休日に上司が部下をゴルフに誘うことなど、もはや過去の遺物です。そのため、長年同じ職場にいても、社員がお互いに個人的なことをほとんど知らないままというのが当たり前になっているのです。

こうしたことは人事にもマイナスの影響を与えかねません。平社員からせいぜい課長クラスまでならそれでいいかもしれませんが、それ以上のポストに就く人物について、任命者や評価者が、その人物の個人的なことをほとんど知らないというのは、大きな問題だと思います。

私の経験から言えば、ポストが上にいけばいくほど、育てられ方、両親に対する想い、学生時代に打ち込んだこと、幼少時代から変わらないものなど、「氏素性」に属する要素が重要になってくるものです。

その理由については第3章で述べたとおり、特にリーダーの資質を形作るうえで、「生まれ育ち」というものが、非常に大きな影響を与えるからです。

実はこれは私たちの専売特許ではありません。実際にたとえば、欧米系のグローバル企業でも、昇進を検討するための面接では、両親のこと、子どもの頃のこと学生時代のことなどについて相当の時間をかけて細かく聞かれるそうです。

しかし、そもそも親は選べないし、育てられ方も親に委ねている以上、自分ではどうしようもない。「氏素性」が重要だと言われても、努力のしようがないじゃないかと思うかもしれません。それはまさにそのとおりで、だから私たちも「氏素性」自体を評価しようというわけではありません。

もし、その人が幸せな幼少期を送ったとすれば、それはそれでいいことだと思います。逆にネガティブな要素が多かったとすれば、その人が自分ではいかんともしがたいことをどうやって受け入れて、それをポジティブなものに変え、今日の自分にまで繋げてきているのか――、私たちが知りたいのはまさにそういうことです。

もちろん、子どもの頃のことに限らず、その人の精神的な成長に影響を与えた出来事についてはなるべく聞き出すように努めます。ネガティブな出来事でも、きちんと話せるということは、自分の中でそれを克服し、客観化できているという意味で、大いに評価できると思います。

世の中には実家は金持ちで、頭も性格も良く、容姿端麗で、スポーツ万能という非の打ち所のないという人がいないことはないでしょう。もちろん、そういう人ですら人知れず何らかの悩みを抱えているものです。ましてや、ほとんどの人は青年期以降、何らかの不満やコンプレックスを抱えながらも、それを克服したり我慢したりしながら、自分の目標に向け努力して、成長していきます。そういうプロセスには、往々にしてその人の人間性がにじみ出ているものです。だから、リーダーとしての適性を判断するうえでは、大いに参考になります。

ビジネスマンに「心」「技」「体」という要素があるとすれば、ここで述べてきた生まれ育ちゃ人間性などは「心」の領域に属する要素だと言えるでしょう。実は三十代まではこれらは心の内に押さえ込まれていて、実際のビジネス活動に大きな影響を与えることはありません。しかし、四十歳を過ぎる頃から、決して顕在化するわけではないのですが、否応なくそれがにじみ出てきて、気がつくと、さまざまな仕事のなかに、さまざまな痕跡を残しているということが起こります。

従って、次項で説明するとおり、「心」の領域を鍛錬して、その他の領域とも合わせて人間として調和のとれた成長を目指すことが、特に四十代以上のビジネスマンにとっては、非常に重要となってくるのです。

四十歳で求められる「コペルニクス的転回」

プロ経営者を目指すビジネスマンにとって、四十歳は大きな分岐点となります。多少個人差があるので、ここでは四十代前半としておきます。すでに三十代半ばまでに上位二割には入り、その後、五％ビジネスマンを目指して、熾烈な競争を繰り広げていることでしょう。しかし、ただこのまま勝ち抜いていけば五％ビジネスマンになれるというわけではありません。そこには「コペルニクス的転回」ともいうべき劇的な発想の転換が必要となります。

本書でこれまで何度も、五％ビジネスマンのリーダーシップについて、三角形を逆さにして底から支える存在だと述べてきました。しかし、そもそも最初からそういうポジションでリーダーシップを身につけていくわけではありません。

人間は年齢を重ねるにつれて成熟していくものですが、ある学者によれば、四十歳がその大きな分かれ目となるそうです。すなわち、三十九歳までは動物期で四十歳となってはじめて人間期を迎えるということですが、私はこの説に賛成します。二十代の男性などはほとんど欲望の固まりで、九〇％以上は動物みたいなものでしょう。三十代でも〝動物度〟は六〇％から七〇％というところだと思います。

こういう時期にリーダーとなるのはピラミッドの頂点に君臨するタイプです。いわば、サル山のボスザルだと考えていただければ、分かりやすいでしょう。そういう人はそこに至るまでの自分の磨き方が他の人とは違うので、仕事に関する技術や技能に圧倒的に秀で、自然と際立った存在になってきます。

ただし、それほど高尚なことを考えているわけではない。動物期のビジネスマンですから、多くは「他人より楽をして儲けたい」という程度の、よこしまな気持ちが動機となっています。もちろん「楽をする」といっても手を抜くわけではありません。他の人と同じ労力で二倍、三倍の成果を上げるとか、他の人と同じ成果を二分の一、三分の一の労力で達成するとか、そのために知恵をしぼって試行錯誤する。そもそもが仕事好きですから、次第にそれに熱中するうちに、結局わき目もふらずに働き、技術や技能をさらに高めていくことになりま

図5-2 30代から40代にかけて劇的な変化を遂げる ビジネスリーダー

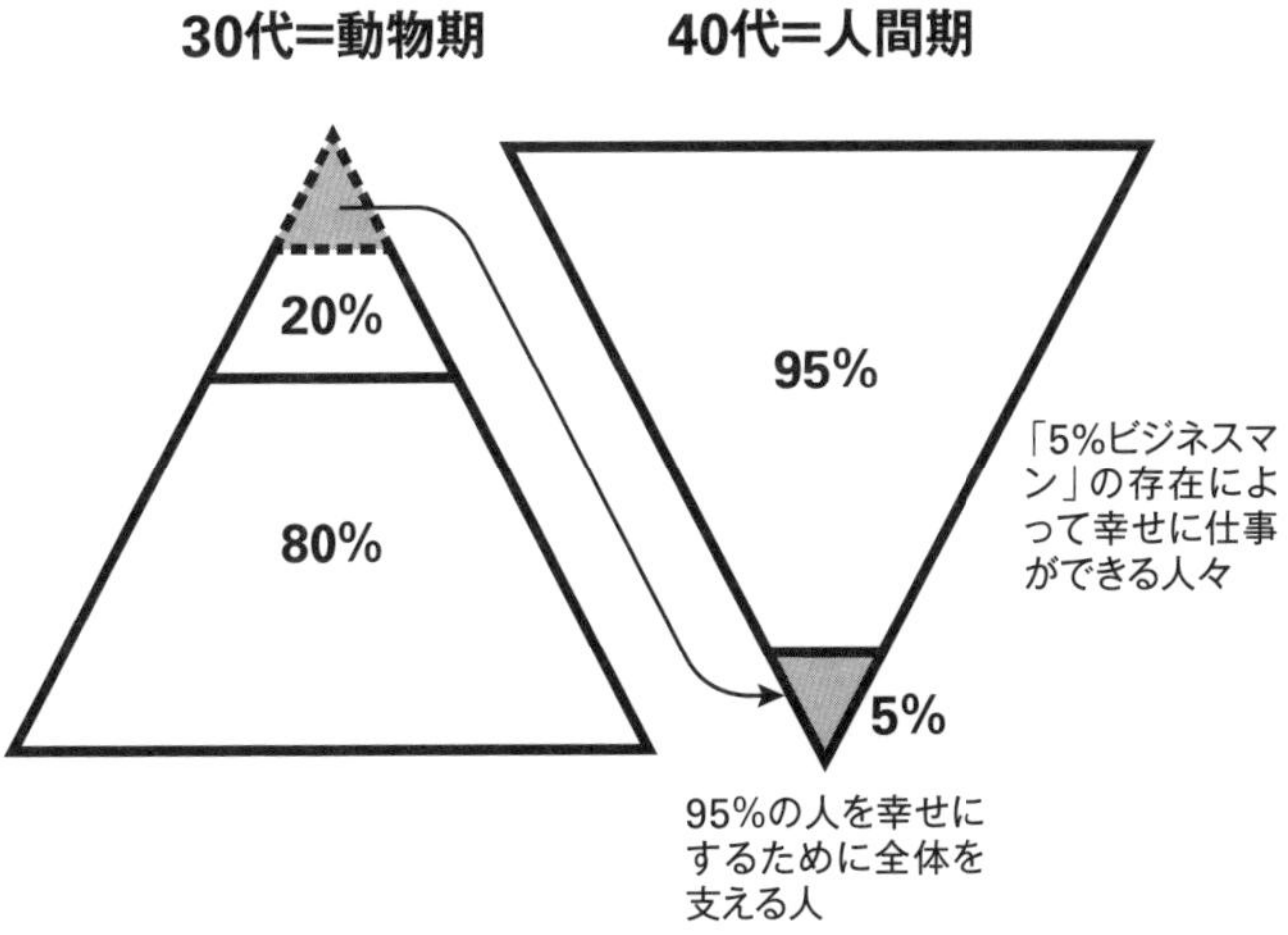

す。

そもそも、「楽して儲ける」、すなわち効率を上げるというのは、ビジネスの基本中の基本です。だから、たとえ動機は欲に駆られたものであったとしても、そのための技能や技術はこの時期にしっかり身につけておかなければなりません。

しかし、四十代になって人間期に入っても同じ考えでいれば、その人は確実に消えていくことになります。人間期に入ったビジネスマンにとっては、心で覚えるものが重要となるからです。それは、人間的な成長といってもいいでしょう。

そこで、それまでのピラミッドをぐるっと反転させて、頂点が下にくるようにします。これまで本書で何度も述べてきた逆三角形の底で全体を支えるリーダーがここで登場するのです。

そして、これが「五％ビジネスマン」とその他の一五％の大きな分岐点になります。

三十代までのビジネスリーダーは、まず自分ありきで、人の上に立ち人を動かすことばかり考えています。これに対して四十歳以降のビジネスリーダーに求められるのは、自らを犠牲にして、人を喜ばせるために働くということです。五％の存在があるから残りの九五％がハッピーな気分で働ける。こういう人がいるから会社がうまくいく。だから、高い給料を払っても皆が納得する。五％ビジネスマンとはそういう存在です。そして、プロ経営者はその延長線上に存在すると言えるでしょう。

ビジネスマンの「心」「技」「体」

ヘッドハンターとしての私の経験から申し上げれば、一つの会社で五％ビジネスマンになっている人というのは、どこの会社に行っても上位五％に入る。これがその下の一五％の場合は、転職すると必ずしも前と同じような位置にはいかないケースが多い。

何がこの差を生むのでしょうか。ここまで述べてきたのとは違った観点から考えていきたいと思います。

それはビジネスマンの能力を「心」「技」「体」の三つの要素で分析する方法です。

私の解釈では、このうち「心」に当たるのは胆力、すなわちいかに腹が据わっているかということです。多少のことでは右往左往せず、言葉は少なくても相手に強い印象を残す人物をイメージしていただければ分かりやすいでしょう。さらに、生まれ育ちや人間的修養もこの「心」に含まれます。

また、「技」には知識と技術・技能が、「体」にはビジネスマンとしての人間性や行動力、行動パターンがそれぞれ該当します。「技」が意識的なものであるのに対して、「体」は特に意識しなくても自然と身につけたり行なったりするものです。

五％ビジネスマンとなるような人材は成長に伴い、「技」よりも「心」と「体」の重みが増してくるものです。これはすなわち、かなり高度な知識と技術を身につけた後には、胆力や人間的修養、ビジネスマンとしての人間性や行動力などが、知識や技術を上回る発展と円熟味をもたらすようになるということです。そして、これが五％ビジネスマンへと成長を遂げる原動力にもなります。

もちろん、五％ビジネスマンになるような人でも、まだ上位五％に入る以前の「若年期」には圧倒的に「技」に依存していて、「心」と「体」を凌いでいるのですが、人生の後半に入って「円熟期」を迎えると、高度な「技」は維持したまま、その比率が逆転することになります。

「若年期」は「発展期」と言い換えてもいいでしょう。「発展期」と「円熟期」の境界はだいたい四十歳ぐらいです。まさに上位二割のビジネスマンが、五％ビジネスマンとその下の一五％とに分かれる時期に重なります。

前章で気力、体力ともにピークは四十歳以前に来て、四十歳を迎える頃にはどちらも下り坂に入っていると述べましたが、それを自覚したうえで発想を逆転させて、「技」中心から「心」と「体」にシフトして仕事に取り組む。逆に言えばそれができるから、五％ビジネスマンへと成長を遂げられるのです。

その段階では「リーダーとしての総合力」を問われることになります。第3章でリーダーになるために必要な資質として「理念・志」「仕事の能力（ハードスキル）」「ソフトスキル」の三つをあげましたが、この三つをしっかりと身につけたうえで、その相乗効果を最大限に引き出すことによりもたらされるのが、「リーダーとしての総合力」です。そして、その形成に際して、重要となるのが「理念・志」ですが、これは「心」「技」「体」のうち「心」に含まれる要素に近いと思います。特に胆力は必要不可欠だと言えるでしょう。

実は前述した疑問の答えがここにあります。

五％ビジネスマンがその下の一五％とちがって、どこの会社に行っても上位五％として通用するのも、胆力を込めて、すなわち腹を据えて仕事に打ち込むことができるからです。それは命懸けで仕事をするという次元を超えて、仕事が「命」そのものになった状態だと言えるでしょう。これが五％ビジネスマンの仕事に取り組む境地です。

そして、傑出した技を持ったリーダーが、傍《はた》を楽にするためにそこまで一生懸命に働くからこそ、リーダーシップが際立ち、皆がついていこうという気持ちになるのです。

そして、この「心」「技」「体」のバランスがとれてくるのが、だいたい四十五歳くらいです。これは五％ビジネスマンに限ったことではありません。この四十五歳という時点は、ほとんどすべてのビジネスマンにとって、成長のピークとなります。

体力、気力の充実に裏付けされる形で、技術や技能のピークは入社後十五年目くらい、三十代後半で訪れます。それに人間的な要素を加味した本当の意味でのピークは、四十五歳だというのが私の考えです。

だから、どんなに遅くても四十五歳までに五%ビジネスマンにならなければ、その後にチャンスはありません。そういう時間的な制約があることをぜひ肝に銘じておいてください。

一方、五%ビジネスマンとなった人は、「心」「技」「体」のバランスをうまくとりながら人間を円熟させることで、さらなる成長を遂げることができます。逆に言えば、ピークを越えてもなお成長し続けるところに五%ビジネスマンの価値があります。そして、こうして成長し続けることで、プロ経営者へと至るのです。

「四十代の悪魔のささやき」

その意味で、四十代の前半はその後の人生を決定づける重要な時期だと言えるでしょう。しかし、同時にまた誘惑の多い時期でもあります。できるビジネスマンにはたいてい四十歳前後で、酒、金、女、地位、名誉などの落とし穴が待っているものです。私はこれを「四十代の悪魔のささやき」と呼んでいます。ちなみにここで、地位や名誉と言っているのは、どちらも虚栄心が先走って実質がともなっていないというニュアンスです。

まるでサラリーマン漫画に出てきそうなベタなシチュエーションが、そうそうあるものなのかと思うかもしれません。しかし、どこかで聞いたような月並みな話というのは、ありがちだという意味で、それだけ人間の普遍的な心理を捉えたものであるといえるでしょう。

実際、三十代ですでに上位五％のレベルに達して、バリバリと働いていたビジネスマンの半数以上が、こうしたことに起因するトラブルにより、四十代には消えています。

しかも、これらの落とし穴は無事に四十歳をやり過ごしたからといって消えてなくなるわけではありません。いくつになってもついて回り、気を抜けばいつでも足元にポッカリと口を開けているものです。私の経験から言えば、四十歳の時、活躍している百人がいた場合、五十歳で生き残っているのは十人から十五人程度、それが六十歳になると二、三人まで減ってしまう。

それではどうやってこの「四十代の悪魔のささやき」から逃れればいいのでしょうか。基本的に優秀なビジネスマンというのは欲が深いものです。逆に言えば、自分を高めたいと思うのも欲の一つなので、欲というものを捨て去ることはできない。だから、欲の強さゆえに、自分が邪心を起こしやすいことを自覚したうえで、欲をうまくコントロールすることを学ばなければなりません。

ここでもやはり、前述した「心」「技」「体」のうちの「心」の領域が重要となってきます。そもそも、四十歳前後で仕事ができて幹部候補などと言われる人は、見るからに自信に溢れているものです。それが往々にして驕慢さにまで膨らんでしまう。

なぜそうなってしまうのかといえば、やはりこのぐらいの年代のできる人というのは、自分が大好きなのだろうと思います。だからついつい自分第一主義になってしまう。しかし、そういう人が上司だったらどうでしょうか。部下になる人は、非常に仕事がやりづらいに違いありません。

自己愛そのものは別に悪いことではありません。しかしそれが強すぎて他人が見えないというのでは困ります。だから、過剰な自己愛を抑えて、自分を犠牲にして周りの人に喜んでもらう心境へと変えていくこと、これこそが四十歳前後のビジネスマンに求められている人間的な成長ではないでしょうか。

これは突き詰めていえば、「私」というものを抑え己に克つ、すなわち克己心に通じるものです。リーダーたる者は、普段から他人の役に立つように心がけていなければなりません。何か起こったときだけうまくおさめればいいなどと考えていると、いざという時には、必ずタイミングを逸してしまう。だから、普段から自分を抑えられる人間であるよう、鍛錬を怠ってはならない、ということです。

こう述べていくと、そんな難しいことを言われなくても、自分はその程度の誘惑には引っ掛からないし、過剰な自己愛を抑えることもできると思うかもしれません。しかし、実際にこの罠《わな》をかわすことはそう簡単ではないと肝に銘じてください。

そもそも、会社の内外からあなたに人が寄ってくるのは、あなたの能力のバロメーターでもあります。それをはなから取り合わないというのでは、いかにも器量が狭いということになりかねません。寄ってくる人間をうまくあしらいながら、決して一線を越えるようなことをしないバランス感覚が大切です。変な言い方ですが、上を目指していくのなら、ちやほやされることに慣れなければなりません。

もう一つ転落への第一歩としてあえて指摘しておきたいのは、「自分へのご褒美」というヤツです。それまであなたは様々なことを犠牲にして仕事に取り組んできたので、周りからの甘い誘いに、そうだと分かっていても、自分も頑張ってきたんだし、このくらいならいいかと思って乗っかってしまうというパターンです。最初はタクシー券や一杯飲み屋で奢《おご》ってもらう程度だったことが、だんだんエスカレートして、気がついたらずっぽりとはまり込んでしまう。そうなると、せっかくのキャリアも水の泡です。真面目で自己犠牲を厭《いと》わない人ほどこの罠にかかりやすいので、注意してください。

ちなみに、前章では体力と気力との関係から、その両方が衰えていく四十歳以上になっても成功し続けるためには、人のためとか、社会のためとか、自分以外のためという要素が重要になってくると述べました。それがまた同時に「四十代の悪魔のささやき」を回避するためにも役立つということは、注目に値すると思います。

「論語と算盤」

私はかねがね、四十歳までに一つのビジネス哲学を身につけておく必要があると主張してきました。それは「日本資本主義の父」と呼ばれる渋沢栄一が唱えた「論語と算盤」という考え方です。この哲学は「動物期」から「人間期」への転換、あるいは上位二割の人材から五％ビジネスマンへの選抜を思想的に裏打ちするものです。

明治・大正・昭和の三つの時代を股にかけて日本の実業界に君臨した渋沢栄一は、生涯に五百社以上の会社の設立に関わったばかりでなく、東京証券取引所、東京商工会議所の創設にも尽力し、日本資本主義の礎《いしずえ》を築いた人物として知られています。そんな彼の事業経営の基本となる考え方が「論語と算盤」なのです。

渋沢は「論語」と「算盤」がビジネスの両輪であると考えていました。「論語」とはすなわち道徳であり、「算盤」とはビジネスを指します。つまり、道徳と経営は常に一体であると捉えたうえで、「論語」の規範に則った高い道徳をもってビジネスに打ち込むというわけです。

企業の目的は利益を上げることだが、利益ばかりを追求して公共性を軽視すれば、必ず社会から反発を受け、そういう企業は長持ちしない。だから、事業は自分の会社を利するだけでなく、社会を利するものでなければならない――というのが渋沢の主張です。実際、渋沢は多くの社会福祉事業を立ち上げて、さまざまなビジネスで得た富を惜しげもなく社会へ還元しています。

もちろん、これをそのまま実行しろと言っているわけではありません。私が申し上げたいのは、動物期のビジネスマンが利潤追求を第一にしていたのに対して、四十歳を過ぎたら今までとは違うもっと大きな視点でビジネスに臨んでほしいということです。

そのために、「論語と算盤」が説くビジネスを通じた社会貢献という考え方を身につけるのは当然だとして、同じ意識を自分が属する組織に対しても持ってほしいと思います。

つまり、それまでは利潤追求を名目として組織のメンバーを自分のために動かしてきたのですが、四十歳を機にそれを逆転させて、今度は自分が皆のためになるよう心がけなければならないということです。

三十代までのビジネスマン人生の前期においては、往々にしてお金に換算できるものを重要視しがちです。しかし、四十代以降の後期には心の領域を増やしていかなければなりません。そこには前述した胆力のみならず、持って生まれた人柄や部下に対する愛情、面倒見の良さなども含まれます。そういう部分を伸ばしていくことが、この段階以降のビジネスマンとしての成長につながっていくのです。

五十歳で求められる「鬼手仏心」の境地

さらに、五十歳を迎えるビジネスマンへのキーワードとして、「鬼手仏心」ということを挙げておきたいと思います。この言葉は元来、医学界で用いられるものでした。

非常に高度な技術を持つ外科医が、一心不乱に手術を行う様はまるで人を切り刻む鬼のようですが、その心は患者を救いたいという慈愛に満ちているというのが、その意味するところです。同じようにビジネスリーダーとして、凄まじい気迫を持って斬新で大胆な手腕を振るいながら、心は優しさに満ちて少しも邪心がない。そういう様を思い描いて、五十歳前後のビジネスマンに当てはめてみました。

この「鬼手仏心」の境地こそ、五％ビジネスマンの次の段階として、「仕事道」の一つの到達点であり、プロ経営者候補としての心構えでもあります。これを別の言葉で言い換えれば、「仏七割、ヤクザ三割」ということになるでしょうか。

もちろん、ヤクザといっても犯罪行為や脱法行為をしろといっているわけではありません。誤解のないように別のたとえをすれば、蓮という植物をご存じだと思います。蓮の花は仏像の台座のモチーフになるほど尊く美しいものですが、蓮は泥の中からこの美しい花を咲かせます。私は、経営というものはまさにこの蓮の花だと思うのです。

図5-3 5%ビジネスマンの場合、成長に伴い、「技」よりも「心」「体」の重みが増していく

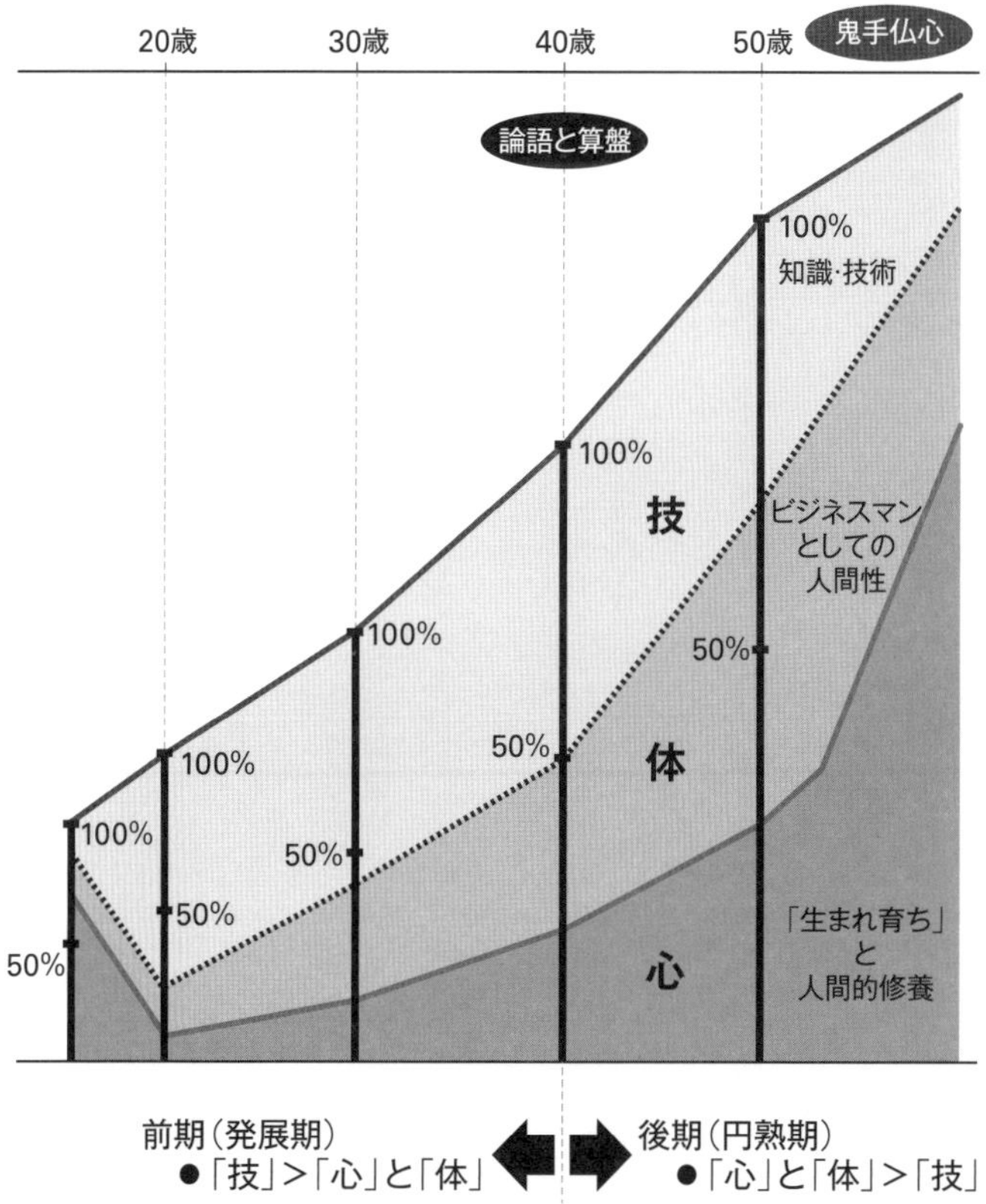

泥に沈んでしまったら元も子もありませんが、泥を避けて花を咲かすことはできません。何が泥で何が花であるのかは、経営上の様々なシチュエーションで変わってくるでしょう。社運をかけた新規事業への参入かもしれないし、LIXILの藤森社長が取り組んでいるようなグローバル化に向けた社内の大改革かもしれません。あるいは、やむを得ないリストラということもあるでしょう。さらに、あまりあってはほしくないことですが、不祥事への対処ということも考えられます。

鬼のような気迫で大胆かつ迅速に様々な事態に対処しながら、一方で仏の心を忘れない――。それが経営の一つの要諦であり、プロ経営者候補にはぜひとも身につけておいてほしいものだと思います。

「不満」や「恨み」で転職をするな

ここまで私が述べてきた五％ビジネスマンの心構えを頭で理解するだけでなく、しっかりと身につけて、それを実行し、さらにしかるべき成果を上げる。ここまでのレベルに達してはじめて「転職」ということを考えることができるというのが、私の見解です。

そうなると早い人で四十五歳くらい、場合によっては五十代前半くらいの年齢になっているかもしれません。

ただし、私はそういう段階になってから転職しなさいと薦めているわけではありません。私のようなヘッドハンターや人材を求める企業、すなわち「買い手」にとって、このくらいの人なら価値があるという意味です。

何度も述べてきたことですが、私が強調したいのは、転職というものは自分をさらに成長させるために、新たな困難を進んで引き受けるようなものだということです。逆に転職の動機が、「給料が上がるから」とか、「いいポストが得られるから」とか、「出世レースに負けた腹いせ」というような不純なものであれば、結局、自分の価値を下げてしまうことになります。

人間というものは上に行けば行くほど、地位への執着が生まれてくるものです。その競争に敗れるということは、当事者にとってはこれまでのビジネス人生をすべて否定されたような屈辱的なものでしょう。しかし、そういう悔しさや恨み、憤りなどに心を奪われて行動すれば、決していい結果は生まれません。

実際、私もヘッドハンターとして候補者と面談するとき、一番最初に留意する点は、その人が転職に応じる動機のなかに、現在の会社に対する不満や恨みの感情があるかないかということです。それはすなわちその人が何か失敗をしたときに、自らを振り返って反省できるか、他人のせいにして自分の責任をできるだけ回避しようとするか、ということです。

「自分が悪いか、他人が悪いか」と問われて、「他人が悪い」と答えたとすれば、職場が変わったところで、その人が今後伸びていく可能性は低い。それどころか、そう答えた段階で上位二割のビジネスマンとなる資格すら失っていることになります。そんな状態ではとても、転職などおぼつかないでしょう。

ヘッドハンティングは過去ではなく将来を買うこと

もう一つ、多くの転職希望者が誤解しているのは、転職に際して実績が最も重要な評価対象になると考えていることです。ここでハッキリ申し上げておきますが、ヘッドハンティングとは、その候補者の過去ではなく将来を買うことです。過去の実績は最低限の必要条件に過ぎません。一番重要なのは、その人がこれから何をしてくれるのかということです。

前述したとおり、転職はなにがしかの条件を満たせば、それでできるというものではありません。あくまで、需給バランスのなかで決まっていくことです。だから、自分の能力を活用してできることが、転職先の要望と合致している必要があります。

本書のテーマは「プロ経営者」なので、読者の多くもプロ経営者として転職を目指していることを前提で話を進めます。その場合、転職先から求められるのは、次期経営者として基本的には会社の方針に沿う形で、いかに会社を発展させられるかということです。

もし、経営を任された場合にはもちろん、それに応えなければなりません。そのうえで、リーダーとしてもう一つ重要なことがあります。それは、この人だったら会社をよくしてくれるのではないかという期待感をいかに醸し出せるかということです。それにより、社員のやる気をさらに引き出すことができるからです。

したがって、プロ経営者候補は、資質や能力など目に見える部分が優れていることはもちろん、期待感を抱かせるような雰囲気を持っていなければなりません。

そのためにはどんな要素が重要になってくるのでしょうか。それを考えるうえで参考になるのは、本章で紹介した役員に対する人物評価です。

実はこの評価の一つの大きな目的は、経営幹部の中で将来、経営者となる適性を持った人物を探し出すということです。そのため、事前に社長へのヒアリングを行ない、経営環境、中長期的な経営課題などを整理したうえで役員に対する面接に臨みます。その会社がどういう段階にあり、何を目的にしているのかを理解することで、今後の経営者には何が求められるのかをハッキリさせて、それを評価軸に盛り込むのです。

役員への面談後には、社長への中間報告という形で、評価対象者の印象を伝えるとともに、レポーティングの方向性について話し合います。その際に、社長からそれぞれの候補者に対してどの程度の期待感を持っているかを明らかにしていただきます。評価のポイントとなるのは、次の点です。

・「自分より会社をよくしてくれるのではないか」という潜在能力を感じられるかどうか？

また、期待感から少し視点を変えて、それぞれの人物にどんな「見どころ」があるのかという観点から、次のことも伺っています。

・「ここだけは自分（社長）も敵わない」と思える部分があるか？

その他、私たちが重要視しているのは「危機感」「使命感」の有無です。それぞれ次のような観点から評価を試みます。

・「明るく健全な危機感」を持っているか？

・「高い志（使命感）」で会社に尽くそうとしているか？

以上、役員の中から経営者の資質を持った人物を見つけ出すためにどんな評価をするのかについて述べてきましたが、経営を任せるためにプロ経営者候補を選考する際にも、同じようなプロセスをたどることになります。つまり、ここで挙げた「期待感」「見どころ」「危機感」「使命感」などには、新しい経営者を選んだり迎えたりする側が、リーダーに何を求めるかという要望が集約されているということです。

したがって、プロ経営者を目指すのであれば、ビジネスマンとしての資質・能力はもちろん、こうした普段は見えにくい領域についても、選ぶ側の理屈や心情を理解したうえで、しっかりと磨いておかなければなりません。

大切なのはポストではなく成長を諦めないこと

もちろん、こういう次元にまで到達するには、激烈な競争を勝ち抜かなければなりません。五％ビジネスマンで部長クラスだとすれば、役員クラスはごくわずか。プロ経営者のレベルになれば確実に数千人から一万人に一人くらいの人材となるでしょう。当然、多くの人は途中で、脱落していくことになります。

しかし、月並みな言い方ですが、どういうポストに就いたとしてもそこまでの努力というものは決して無駄になることはないものです。逆に、もし上を目指して頑張ってこなかったら、今のポストに到達することもなかったと思います。

当然のことですが、まず第一に与えられた場所でしっかりと仕事をこなすことが求められます。ただし、現状に安住しているわけにはいきません。

率直に言って、会社勤めをしていれば、ある程度の年齢になると、だいたい自分はどの程度出世するのか、限界が見えてしまうものです。しかし、ビジネスマンとしての成長に終わりはありません。大切なのは、自分を成長させ続けることです。

そのためには、会社のポストという相対的な価値ではなく、かりに転職を考えたとしてその市場で自分にどの程度の絶対的な価値があるのかということを、常に意識しておく必要があります。

そして、今の会社でどうしてもこれ以上成長できないと感じたら、実際に転職に踏み切るのも一つの選択肢です。ただし、その場合には報酬の増減にこだわらず、自分を成長させられるかどうかということを最大限に重視してください。

こういうビジネスマン人生を送っていれば、ある時点で成長を諦めてしまった人と比べて、必ず一段も二段も違う次元に達することができるはずです。そして、そういう意識と経験が今後の日本では役に立つようになる可能性が高いと私は考えています。

「人生は逃げ切れない」と肝に銘じよ

一方、五十歳前後のビジネスマンのなかには、こんなことを考えている人がいるかもしれません。

下手に出世を考えるから、辛い目に遭うんだ。ウチの会社はそこそこしっかりしているんだから、最低でも五年、うまくいけば十年くらいはドラスティックな変化は起こらないだろう。その間、窓際族でもいいから会社にしがみついていれば、定年で逃げ切れるかもしれない――。

確かにそうなる可能性はあります。しかし、私が申し上げたいのは、そうやって定年まではうまくやり過ごしたとしても、人生は逃げ切れないということです。

高度成長期の遺産である年金や老人医療を、ある程度充実した形で享受できるのは、現在すでに七十歳を超えた方々くらいまでだというのが私の考えです。いわゆる団塊の世代が七十歳を超えて本格的に老人医療や介護が必要になってくれば、日本の財政状況はさらに加速度的に悪化していくことでしょう。

現在、財政破綻したギリシャを遥かに凌ぐGDP比二三〇％にも達する財政赤字を抱えながら、日本が何とか平穏を保っていられるのは、一千七百兆円ともいわれる個人金融資産のおかげだといわれています。しかし、その大半は六十歳以上の高齢層が所有していることを考えれば、超高齢化の進展とともに切り崩されていくことは必至です。

人口減少が本格化するなかで、財政再建に取り組むだけでも困難なのに、その後ろ盾となってきた金融資産が目減りしていけば、もはや手がつけられなくなるのではないでしょうか。つまり、早ければ二〇二〇年の東京オリンピック後数年で、長くても二十年以内に日本の財政破綻は避けられないというのが、私の考えです。

今、ギリシャで起きていることを見れば分かると思いますが、そうなれば、福祉はどんどんカットされる一方で、物価は高騰し、年金と現役時代の蓄えで生活している高齢層は、その煽りをモロに受けることになります。これでは、安楽な老後などは望むべくもない。

しかし、ビジネスマンとして自分を磨き成長し続けた人材であれば、六十歳を過ぎていても仕事を見つけられる可能性は高いと思います。かりに日本では仕事がなかったとすれば、東南アジアや中国に出ていって探す。六十歳を過ぎてもそのくらいのバイタリティがなければ、一定レベルの生活を維持できなくなる。そんな厳しい時代が目前に迫っていることは、ぜひ認識しておいてほしいと思います。

星一徹、勝小吉を目指す手も

もう一つ、違う視点でアドバイスするのなら、親子鷹を目指すという手もあります。『巨人の星』というマンガのストーリーは皆さんもご存じだと思いますが、息子である星飛雄馬に球界の盟主、巨人軍のエースになるという夢を託した父、一徹のように、自分を犠牲にしてでも子どものために日夜心を砕いて尽くすという生き方です。

マンガでたとえられてもどうもリアリティがなくてピンとこないというなら、勝海舟の例ではいかがでしょうか。

勝海舟の父、小吉は旗本とは名ばかりでケンカに明け暮れる荒くれ者でしたが、息子を思う気持ちは人一倍で、自分には叶わなかった立身出世の夢を託し、そのためには労を惜しまなかったといいます。この親子関係は子母澤寛の『勝海舟』（新潮文庫）をはじめいくつかの小説に取り上げられ、何度かテレビドラマ化もされているので、ご存じの方も多いと思います。

もっとも、勝海舟はほぼ独学でオランダ語を習得し、西洋の兵法を学ぶような大秀才ですから、学問という意味ではヤクザな父から教わることはなかったでしょう。しかし、もっと大切なことを学んだようです。

勝海舟の最大の功績は、大政奉還後、官軍の大軍勢が江戸に迫るのを目前にして実質的な総大将の西郷隆盛に掛け合って総攻撃を中止させる一方で、幕府側も説得して無血開城を実現し、江戸の町を戦火から守ったことです。

その他にも幕府の軍艦咸臨丸を指揮して太平洋を横断したり、自分を暗殺に訪れた坂本龍馬を説き伏せて弟子にしてしまうなど、その胆力には尋常ならざるものがありました。そういう資質は江戸市中に敵なしといわれるほどのケンカの達人だった、父親譲りのものだったのではないでしょうか。いずれにせよ、明治新政府でも要職を歴任し、伯爵にまで上り詰めた勝海舟の成功に、父親の影響が大きかったことは事実だと思います。

もちろん、星一徹や勝小吉と同じことをやれといっているわけではありません。重要なのは子どもに夢を託して、サポートするということです。そんな過保護なことをすれば、子どもにはむしろプレッシャーになるのではないかと思うかもしれません。しかし、親子の連携を強めることで乗り切らなければならない困難が迫ってきています。経済のグローバル化の進展に伴い、教育費がこれまでとは比べものにならないくらい高額なものになりそうなのです。

本書で述べてきたとおり、これからのビジネスマンにとって、欧米の一流大学でMBAを修了することは幹部へ昇格するための必須条件となるでしょう。日本企業でもMBAを持っていなければ、部長クラスに相当するGMになれないという時代が、今後十年以内に必ずやって来ると思います。

私自身は、MBAというものが教育としてそれほど優れたものだとは考えていません。しかし、欧米はもちろん中国やインド、ASEAN諸国を含めて世界中の多くの地域で、ビジネスエリートを目指した競争にエントリーするための条件となっていることは否めない事実です。

こうした状況を敏感に感じ取ってか、すでに毎年、東京大学への合格者ランキングを競っているような有名私立高校では、ハーバードやスタンフォードなど米国の一流大学への進学希望者がこの四、五年で増えてきて、一学年で十人を超えているそうです。もちろん、理系の人材もいますから、皆がMBA志望というわけではないでしょうが、どうせ米国の大学院に行くのなら、大学から米国に渡ってしまった方がいいという発想だと思います。こうした進学校では遠からず、一番優秀な生徒は欧米の一流大学へ進学し、それが難しいようなら東大を狙うという時代が来るに違いありません。

しかし、ここで問題となるのは学費です。ハーバードなど米国の一流大学の授業料は年間五百万円前後はかかります。大学四年に大学院二年の計六年で約三千万円、これにその間の生活費などを加えれば、五千万円は軽く超えるはずです。

住宅ローン並みの額となり、普通のサラリーマンには相当な負担となることは間違いありません。それでも、わが子にビジネスエリートへの道が開けるようにするために、自らを犠牲にしてでも払おうというのなら、それはそれでビジネスマンとしての一つの生き方だと思います。

「経営の達人」が説く「日本的経営道」

話をプロ経営者に戻します。

第2章で述べたとおり、プロ経営者は到達点ではなく出発点です。

自分の得意分野を見極めたうえで、その能力を必要としている企業の経営を担い、新たなステージに到達したら、次のプロ経営者へとタスキを託す。そうやって企業を発展継続させる一方で、自分はまた新たな企業へと移り、経営に取り組む——。

こうしたことを繰り返しながら経営の腕や人格を磨いて、「達人」といわれる域を目指してほしいというのが、私の考えです。

第3章で「経営の達人」として、ある元経営者のことを匿名でご紹介しました。一つの理想像としては、この人物のような域に達してほしいということです。と言っても、どこの誰かが分からなければ、どういうレベルなのかが理解しにくいと思います。ご本人は大変謙虚な方で、すでに引退された身である以上、あまり表立った発言などは差し控えたいということでしたが、無理にお願いしてご登場くださることになりました。

ただし、以下で述べることはその方のお言葉を借りてはいますが、あくまで私の勝手な解釈です。きっと、ご本人からはお叱りを受けることになると思いますが、それでも必ず皆さんのお役に立つと考え、お伝えする次第です。

「経営の達人」として、私が尊敬してやまない花房正義さんは長らく日立キャピタルとその前身の日立クレジットの社長、会長として経営に携わってきました。社名から分かるとおり、同社は日立グループの金融子会社です。グループ内でもトップクラスの優良企業で、中核企業の一つでもあります。

一九三四年生まれの花房さんは、若い頃は画家を志していたそうですが、結局、その夢は叶わず、ならばビジネスの分野に進もうと、現在の東京経済大学に入学。そこで人生の師となる経営学者、山城章教授に出会います。

山城教授の経営理論は、現在主流といわれる米国流の株主資本主義とは一線を画すものです。もちろん、株主は大事なのですが、経営というのはそれだけに支えられているのではなく、従業員、顧客、金融機関、地域社会などのステークホルダーのバランスの上に成り立つものだと説明していました。特に地域社会との関係をいかに構築するかが重要になってくるということを当時から見通していた点は、まさに慧眼だと言えるでしょう。「経営は芸術だ」と述べ、「経営道」を説く山城理論は、「日本経営学」の嚆矢《こうし》だといっても過言ではありません。

その薫陶を受けた花房さんは大学を卒業後、一九五七年に日立家庭電器販売に入社。それから程なく、家電を買ってもらうにはこれからは月賦が不可欠だということで、その子会社として設立された日立月販へと異動になります。つまり、日立本社から見れば孫会社。当時は社長を含めて十一人の会社の一番下っ端からビジネスマンとしてのキャリアがスタートすることになったというわけです。今でいえば、まさにベンチャーです。しかし、本流から外れた辺境とも言える環境で育ったことが、むしろ幸いすることになりました。

本格的な高度成長時代と大衆消費社会の到来とともに、同社は順調な成長を続け、そのなかで花房さんは最古参の社員として様々な経験を積みながら、次第に頭角を現します。一九六九年に日立クレジットと社名を変更後、七六年には東京証券取引所への上場を達成。ところが、七〇年代後半に回収の失敗により、十五期続けてきた増収増益が途切れ、三期連続の減益に陥ります。

「楕円経営」が醸し出す奥の深さ

主に財務畑を歩み、常務へと昇格していた花房さんは、当時、すでに経営戦略を立案する立場にありました。それまでの経営への反省を込めて、再建のために「経営方程式」という独特の考え方をベースにした戦略を打ち出します。

そもそも、日立クレジットという会社は、「金融サービス業」を標榜してきましたが、その大きな特徴は、日立というメーカーを母体にした信販会社の伝統を活かしながら、金融そのものよりもサービスに力点を置いているということです。まず、それをハッキリさせることから始めます。

次に、それならサービス業とは何かということを定義づけるために、「サービス業の価値＝品質×体質」という方程式を導き出します。つまり、品質と体質の相乗効果がサービスの価値を生み出すということです。

品質とは、実体の伴った優れた商品を開発する能力を意味します。

一方、体質は「体質＝財務の質×人材の質」と定義づけられます。

どんなに良い商品をつくっても、会社が明日をも知れない経営状態であれば、誰も利用してくれない。だから、「財務の質」には常に気を配らなければなりません。

こうした観点から、株主が投資した資金でいかに効率よく利益を出しているかということを意味するROE（株主資本利益率）を重視し、目標値を定めてその達成を目指します。ただし、ただ単にROEを高めればいいというのではありません。同時に企業の体力を表す係数である自己資本比率にも注目します。

ROEは「当期純利益÷純資産（自己資本）」という数式で導き出されるので、分母となる自己資本が少なければROEは高くなります。しかし、それでは自己資本比率も下がって、企業体力が損なわれてしまう。だから、適正な大きさの自己資本を維持したうえで、ROEを高めることが求められます。

同じように、どんなに良い商品でも、商品知識が不足している社員が勧めたら、顧客の信頼が得られず、その商品を利用してもらえない。だから、社員への教育により「人材の質」を高めることが不可欠となります。そして、その際には単に商品知識を高めるということに留まらず、誰からも愛され、「立派な社員だ」といわれるような、理念的なレベルでの向上を目指します。

このケースでは「財務の質」と「人材の質」を高めることが目標となりましたが、同じように二つの目標を同時に定め、バランスをとりながらその達成を目指す「楕円経営」は、花房経営の中心的な理論の一つです。

日立キャピタルが二〇一〇年に刊行した「五十周年記念誌」に、この楕円経営について分かりやすく解説されているので、理解を深める意味で、以下に要約して引用します。

「花房社長は、根本的には人間も経営もバランスが大事だとしている。これは平均を取るということではなく、常に対極を考えてバランスを図るということである。完全なる神が円であるとすれば、人間社会は楕円のようなものだ。円の中心は一つであるが、楕円の中心は二つである。その視点から世の中を眺めれば、自分と他者の関係、光と影の現象、時間と空間など、あらゆることが二極の存在である。経営者としての花房社長は、楕円の両極に『理念』と『計数』（財務諸表）を置き、この二つを軸とする経営を重視した。

楕円の幾何学的定義は、『平面上で二定点からの距離の和が一定の点の軌跡』であるが、花房社長は、『理念』と『計数』のみならず、『人』と『金』、『組織』と『計数』といった二極の関連性を重視して、バランスさせながらマネージする経営に関心を深め、実践することになった」

ＲＯＥをはじめとする様々な財務諸表を重視する経営方針には、米国流の競争システムと共通している部分があります。しかし、それでいて花房さんの経営には、単なる成果主義とはひと味もふた味も異なる、独特の懐の深さがあります。それを醸し出す大きな要因となっているのが、この楕円経営という発想だと言えるでしょう。

バブル崩壊に動じなかった経営力

話はやや前後しますが、一九九一年に日立クレジットの社長に就任した花房さんは、「健全経営、人間尊重、社会的責任」という経営理念を掲げます。さらに、山城教授のアドバイスに従い、これらの理念を正しく実践するために以下の三つの行動指針を示しました。

①実体経済の裏付けのあるクレジットビジネスに徹する
②サービスの一層の制度化に努める
③リスクマネジメントの徹底を図る

順を追って解説していきましょう。①については、前述したとおり「電機メーカーを母体とした信販会社として、単なる金融はやらない」ということです。

花房さんが社長に就任した当時は消費者金融の全盛時で、社内には利益を出すために同様のビジネスを手掛けるべきだという意見が強かったといいます。しかし、「単なる金融はやらない」という考えに従い、花房さんはこうした要望を断固として認めませんでした。さらに③にも関連することですが、リスク管理能力という観点からも、消費者金融は同社には向かないと判断しました。

その後、サラ金が社会問題化するなかで、貸金業法の改正によりグレーゾーン金利が処分の対象となりました。のみならず、利用者が払いすぎていた金利分を過去に遡って返還しなければならないという、いわゆる過払い金問題が起こり、その負担により消費者金融会社の多くが経営破綻したことを考えれば、まさしく正鵠《せいこく》を射た判断だったと言えるでしょう。

①で重要なことは、何をやらないかをハッキリ示すということです。それを企業文化として共有することで、自分達の得意なこと、やりたいことがより明確となり、それに打ち込むことができます。

②はそもそも、日立クレジットが形のあるものをつくる会社ではなく、リースやレンタル、保険などのシステム（制度）が商品であるということです。それでは何を制度化するのかといえば、それはサービスです。サービスを制度化することにより品質のよい商品の開発を目指すのです。

③は、前述したとおり目標値を定めてROEを重視する経営を指します。また、中長期的な金融市場の動向を意識したうえで、資産と負債のバランスを考え収益を上げていく、ALM（資産・負債総合管理）をきちんと行うことも重要です。さらに、社員の一人一人が、それぞれの持ち場で忠実な仕事を遂行し、リスク管理することを求めています。

これらの戦略が功を奏して、堅実経営に徹した日立クレジットは、多くの金融機関やノンバンクが破綻したりして長期的な低迷状態に陥るなかで、バブル崩壊後の後遺症に悩まされることもなく、ダブルAの格付けを受けることになりました。

日立「V字回復」の理論的支柱

こうした功績から花房さんは実力派の経営者として日立グループ内部でも一目置かれる存在となっていきます。一九九八年、巨額赤字に直面した日立製作所は、経営の再建策を話し合うために日立グループ協議会を発足させましたが、花房さんはグループの長老たちにまじって、そのメンバーに選出されました。

その後、二〇〇〇年には日立リースとの合併に伴い、社名を日立キャピタルに変更、同社の会長となった花房さんは、〇三年には本社である日立製作所の取締役に就任します。さらに、取締役会の指名委員会、報酬委員会の委員長を歴任、巨大企業グループの実質的なCFO（最高財務責任者）としてその再建と改革に取り組みました。

それにより業績は改善に向かいます。それでも、サムソンやハイアールなど韓国勢や中国勢の急速な台頭により、国際競争で劣勢に立たされた日本の総合家電業界全体の地盤沈下は予想以上の速さで進み、その流れのなかでリーマンショックのあおりを受けた日立は、二〇〇九年三月期に連結決算で七千八百七十三億円という国内の製造業では過去最大の赤字を計上してしまいます。しかし、その後はいち早くV字回復を達成。一五年三月期には六千四億円の営業利益を出し、二年連続で過去最高益を更新しました。

テレビの生産撤退に象徴されるように、それまで長らく主力だった家電部門の統廃合を進め、鉄道や電力、ITなどの社会インフラ事業を中心に据える、大胆な事業転換に取り組んだ結果でした。

この背景には、花房さんの経営理念がグループ全体に浸透したことがあったというのが、私の見方です。また、私のみならず、多くの経済人やジャーナリストも同じような分析をしています。

たとえば、花房さんは一九九八年に当時の日立クレジットで「支店撤退ルール」というものを定めて、実施しています。社内では「倒産ルール」と呼ばれ恐れられたこの制度は、それまで各支店の業績が悪くても、せいぜい、ボーナスがカットされる程度にとどまっていたものを一気に厳しくして、支店を撤退すなわち倒産させてしまうという大胆なものでした。

それ以前も、社内資本金制度や社内格付制度にもとづく独立採算制を実施するなど、同社では自己責任による経営が重視されてきましたが、それを支店レベルにまで徹底することで、「管理から経営」への意識改革を促進すると同時に、将来の経営者育成にも役立てようという意図もあったのです。

花房さんによれば、この「撤退ルール」の哲学は次のようなものだったといいます。

「人生、一生懸命やってもうまくいかないことがあるという前提に立ち、そのときは『頑張るより出直そう』という考え方。思うようにいかぬときは、くよくよせず切り捨てて出直す勇気がほしい」

まさにこの哲学が、前述した日立のV字回復を演出したと言えるのではないでしょうか。

「生身の人間への愛情」を経営に

花房さんの経営論は、これだけのページ数ではとても語り尽くせるものではありません。最後に私が最も重要だと感じる部分について触れておきたいと思います。

花房さんの経営手法は、一見するとROEや格付など数値を重視し実利を追求する冷たい印象を受けます。しかし、その内面にある哲学には規律は規律としながらも、慈愛に満ちた懐の深さを感じます。やや乱暴な言い方をすれば、それは人に対する愛着や愛情というものではないでしょうか。

こう述べていくと、何か宗教家のようなイメージを持つかもしれませんが、花房さんの語る愛は、人類総体に向けられたようなものではなく、あくまで個々人が対象となっています。

「人を愛し、人を恋し、たまには失恋しましょう。幸せと悲しみの両方を抱えて生きていきましょう」

生身の人間として、裏切られたり、失望させられたりすることがあったとしても、人間に対して愛情を持ち続けたいという気持ちが伝わってきます。そういう温かさが底流に流れていることが、花房経営の大きな特長だと私は考えています。

こうしたことは、恩師である山城教授の教育者としての側面から学んだものではないでしょうか。実際、花房さん自身、人づくり、すなわち教育をとりわけ重要視してきました。そして、その根本には次のような考え方があります。

経営によって価値ある行為を行っていくためには、経営を常に進化させなければならない。しかも、経営の進化は人によってのみ実現される。しかし、人間自体は有限なので、人間が無限の経営を実現していくためには、人の継承によって進化していく以外にない。それゆえに、人を愛し、人を尊重し、人を育成することこそが、何よりも重要な経営の社会的責任である——。

こうした哲学にもとづき、花房さんは教育投資の重要性を説くと同時に、人事評価においては人を育てた人を評価する方針を貫いてきました。人の育て方にはいろいろありますが、人が育ちやすい環境をつくることを重視している点が、いかにも花房さんらしい視点だと思います。

「日本的経営道」を伝承するために

私たち縄文アソシエイツでは現在、年に数回、花房さんを塾長としてお招きして「縄文塾」という勉強会を開いています。対象は、大手企業で社長候補といわれるような五十歳前後のビジネスマンです。もちろん、私たちもヘッドハンティングをビジネスとしていますから、エグゼクティブといわれる方々をスカウトしたいという気持ちはありますが、この勉強会に関しては、そういう損得を抜きにして、取り組んでいます。この門下からはすでに上場企業の社長が何人も出ています。

本書で何度も述べているとおり、私は日本企業は大きく変わらなければならないと考えています。その大きな理由は、今後急激な人口減少により国内市場の縮小が予測されるにもかかわらず、企業の国際競争力が落ちてきていて、このままでは海外市場で勝ち残れそうにないからです。

なにより生産性を高めることが急務です。また、外国人など多様な人材を活用できる人事制度を確立しなければなりません。そのためには、すでにグローバル化が進んでいる欧米企業から学ぶことも多いでしょう。

ただし、欧米式の経営をそのまま取り入れればいいというわけではありません。欧米のグローバル企業もまた、多くの問題を抱えているからです。根本では日本型経営の良いところを継承したうえで、欧米企業からは経営手法を学ぶことが求められます。実は、すでに二十年以上も前にそれを実践したのが花房さんだったのではないでしょうか。

日本型経営を経営道として捉えた恩師、山城教授の考えを継承し、経営を実践するなかで、ROEや格付を重視する欧米的な経営手法を取り入れて、それを実際の経営のなかで活用して成果を上げながら、経営道を踏み外すことなく、お金だけを重視するような利潤優先主義には陥らない——。

こうした経営により花房さんは、バブル前後の混乱期と「失われた二十年」の時代を見事に乗り切りました。そんな経営の達人の講義からぜひ多くのことを学んで、これからの困難な時代の企業経営に活かしてほしい——というのが、この勉強会を開いた私たちの願いです。のみならず、花房さんの人柄に接することで、「日本型経営道」というべきものの一つの到達点を認識し、それぞれの方が自分なりにそういう高みを目指してほしいとも考えています。

なぜなら、日本型経営の神髄は、熟練した職人の技術のように、「間」とか「タイミング」とか「加減」などの感覚的な要素が強いため、理論として学ぶだけでは伝わりにくいからです。そういうニュアンスを込めて、「経営道」という、やや時代がかった言葉があてられているのだと思います。

その意味で、最近、ハッとすることがありました。日本を代表する経済学者の一人である岩井克人氏の論文を拝読したのですが、そこで主張されている内容に、花房さんがおっしゃってきたこと、経営者としてのこれまでの有り様と相当共通する部分があると感じたのです。

岩井氏は長らく東京大学で教鞭を執る一方で、アカデミズムの立場から日本における会社経営のあり方にもずっと関心を抱いてきた人物です。

論文のなかで、岩井氏は日本の伝統芸能である文楽、すなわち人形浄瑠璃を喩えにして、日本型経営を論じています。のみならず、欧米型の強欲資本主義がもたらすさまざまな弊害を乗り越えるための解決策として、それを位置づけている点には、私も大いに納得するものがありました。

花房さんの経営理論に対する理解を深める意味でも、岩井氏のこの論文についてご紹介して本書を終えたいと思います。

リーマンショックをきっかけに

「『資本主義の新しい形』に向けての一考察」と題されたこの論文は、二〇一五年四月に発表されたものです。その他、岩井氏の近著である『経済学の宇宙』（日本経済新聞出版社）や最近の雑誌インタビューなども参考にして、説明していきたいと思います。

岩井氏が、この論文を含めた今後の「経済のかたち」を考えるプロジェクトに取り組むきっかけとなったのは、二〇〇八年九月のリーマンショックでした。米国の投資銀行リーマン・ブラザーズの破綻に端を発するこの大不況は、「百年に一度の危機」と呼ばれ、一九三〇年代の世界大恐慌に匹敵するレベルにまで拡大することが懸念されました。しかし、各国が財政・金融政策で協調したことが功を奏して、結果的には予想よりかなり小規模に留まりました。それでも、GDPの減少額を絶対水準から見れば三〇年代に匹敵し、その意味では百年に一度の危機だったという見方も的外れではありません。

そのため、危機の元凶となったウォール街の強欲資本主義には世界的な批判の目が向けられ、資本主義のあり方自体が問われることにもなりました。

二〇一四年にフランスの経済学者トマ・ピケティの著作『21世紀の資本』がベストセラーとなったのも、その表れの一つと言えるでしょう。富めるものをさらに豊かにすることで、資本主義は必然的に格差の拡大を招くと説くピケティは、グローバル化に対応した資産課税や累進課税のシステムを構築することで、この格差を解消に向けるべきだと主張します。そのためには、国家の枠組みを超えるような強力な徴税機関が必要となります。しかし、そういう強大な権力自体が危うい存在なのではないか、と批判する識者は少なくありません。権力が腐敗する可能性を否定できないからです。

私も基本的にはこのピケティの意見に賛成します。ただし、実際にそこまで強力な国際機関のようなものはできないのではないでしょうか。むしろ、現実的な問題として私が危惧するのは、各国ごとの徴税は強化されたものの国際的な連携は進まず、結局、国外に脱出できないような中間層が重税に苦しむのではないかということです。

社外取締役を選任しただけでは

一方、資本主義を見直すうえで、岩井氏は経済のその担い手である企業に注目します。会社は法人と呼ばれるように、本来人間ではありませんが、法律上人間として扱われるものです。そのような存在である会社を機能させるためには会社の資産を管理し、さまざまなビジネスの契約を結ぶ生身の人間の存在が不可欠となりますが、それがすなわち経営者の役割です。

そのため、経営者には自分の利益ではなく他者、すなわち会社の目的に忠実に仕事をすることが求められます。そうでなければ、会社を私物化して私腹を肥やすような経営をする恐れがあるからです。つまり、経営者にはかなり高度な「倫理」が求められるということになります。

ただし、現実的にはこのような倫理はあまり当てにはされていません。それを補うために、ストックオプションで経営者に株を持たせることにより、株価を上げるモチベーションを与えるような仕組みが導入されています。

その他、社外取締役の選任や経営を監視する委員会の設置など、日本でも経営統治の強化に向けて様々なシステムが導入されていますが、昨今の東芝の不適切会計問題に象徴されるように、必ずしも十全に機能しているとは言いがたい例もあります。

もちろん、それらが多くの企業で経営の健全化、効率化に役立っているとはいえ、経営陣がその気になれば、自分達に都合のよい経営を押し通す可能性があるということは、経営統治の本家である米国で起こった様々な経済事件を見ても明らかでしょう。

結局、企業統治強化に向けた要件を形式的に整えただけではダメだということです。つまり、社外取締役が一定以上の割合を占めているから経営が健全になるのではなく、そもそも経営が健全だからそれを補完する存在として社外取締役が役立つ、ということを十分に認識しておく必要があります。

その意味で形式的な要件よりむしろ重要なのは、その会社の歴史に根ざした企業風土というものがつくり上げられているかどうかということではないでしょうか。それがきちんと保たれていなければ、どんなシステムを導入したところで、健全な経営など望むべくもありません。

そのうえで、会社というものはやはり最終的には経営者の資質にかかっている。しかも、その本質は言葉で簡単に伝えられるものではありません。「経営は芸術だ」「最終判断は勘である」などの花房さんの一連の言葉、あるいは、第3章でご紹介した花王の社長、会長を歴任された後藤卓也さんの経営哲学に、そのことが象徴されていると思います。言葉にしてしまうとどうしても感覚的すぎたり、身も蓋もないものになってしまうのです。

企業経営者は文楽の「主遣い」

同じ文脈で岩井氏は「経営者の倫理」の重要性を強調します。そこへの回帰が、資本主義を人間が生きていくうえでの不可欠な原理にする、というのが岩井氏の考えです。同時にそれが資本主義の行き詰まりを乗り越える解決策を考えるうえでの大きなヒントにもなります。前述したとおり、岩井氏がここで隠喩として取り上げるのは、文楽という日本の伝統芸能です。

文楽では、浄瑠璃人形の首と右手を動かす主遣《おもづか》い、左手を動かす左遣い、足を動かす足遣いの三人が協力して操り、人形をまるで人間のように動かします。もちろん、人形自体は単なるモノでしかありません。しかし、三人の人形遣いが自分自身を捨てて、全身全霊を傾けて動かすことで、人形に魂が宿り、人間による演技をも凌ぐ感動を観客に与えるのです。

人形遣いは通常、舞台の上では黒衣《くろご》を纏って自分の姿を隠していますが、主遣いは、重要な場面では自らの顔を出しています。その理由について岩井氏は、主遣いともなれば十分に経験を積んで、自己を表現したいという欲望や、観客に気を取られるという恐れなどから解放された境地に達しているはずだから、と説明します。

つまり何らかの監視や制約を受けなくても、自分の内面の倫理に従うことで、役を演じるという人形の目的に忠実な仕事をして、最高のパフォーマンスをさせられるというわけです。モノでありながら人間のように演技する人形を、法人としての会社と考えれば、主遣いはプロ経営者のあるべき姿だと言えるのではないでしょうか。

そして、それはまた花房さんが実践的な経験から導き出した、「日本型経営」の担い手としての経営者にも近いイメージだと思います。岩井氏が理論と考察に基づいて隠喩を駆使して表現したことが、長年、実際に経営に取り組んできた、人間として経営者の完成形に近づいた花房さんのあり方に近いというのは、私にとっても大きな発見でした。

経営の達人と経済学の泰斗がそれぞれ違うアプローチから、同じ結論に達したと考えれば、一つのものを二つの側面から見ているということになるからです。これまでは一つの方向からしか光が当たっていなかったものに、別の方向からも光を当てることで、分かりにくかった「日本型経営」がより明確な像を結ぶようになるに違いありません。それはまた、プロ経営者を目指す皆さんにも大いに参考になることでしょう。

「引き際の美学」こそ日本型経営の真骨頂

本書の最後に、長年多くの経営者の方々とお付き合いさせていただき、また、多くの人材を経営者や経営幹部としてスカウトしてきた経験に基づいて、一つアドバイスさせていただきます。ここまで、プロの経営者を目指して前へ前へと進む話をしてきましたが、プロ経営者としての完成形を考えたときに、より重要なのは出処進退の「退」であるということです。

まだ、経営者にもなっていないのに、辞めるときの話をされてもピンと来ないという方も多いことでしょう。しかし、なぜ私がこんな話をするのかといえば、自らの引き際を見極めるのが経営において一番難しいことだからです。のみならず、ここで失敗するとそれまで築き上げてきたことが水の泡になってしまう。それどころでなく、会社自体を危うくしてしまうかもしれません。たとえば住友銀行やダイエーなど、かつては輝いていた経営者が、その地位に固執するうちに暴君と化し、会社の経営基盤を揺るがすような事態に陥ってしまったという例は、枚挙に遑《いとま》がありません。現在進行形でそういう事態が進んでいる企業も、いくつか思い浮かぶことでしょう。

禅宗に「啐啄《そったく》同時」という言葉があります。ひな鳥が孵化するために内側から殻をつつくと、親鳥が嘴で外側から殻を叩いて割り、生まれるのを助けるという意味です。ここではタイミングが重要になってきます。それを間違えると、ひな鳥は生まれてくることができません。

経営からの引退にも同じようなタイミングがあります。内なる声に従い、決断する。こういう心境に到達するためには、いかに自分なりの美学をもって職責を離れるかということを常に考えておかなければなりません。自らの引き際を自覚することは最後の経営判断であり、そこまでできて初めて経営というものは完結するのだということです。

そして、こうした「引き際の美学」とも言うべきものにこそ、日本的プロ経営者の大きな特徴が見出せるのではないでしょうか。

やや観念的な言い方になって恐縮ですが、プロ経営者を目指すのであれば、この点についてはぜひ、心に留めておいてほしいと思います。

日本のプロ経営者を目指す皆さんが、正道を歩みながら力強く世界に通ずるレベルに到達することを祈念する次第です。

あとがき

本書は、ヘッドハンターとして私が二十数年間活動してきたキャリアを通じて、ビジネス界の諸先輩からご指導いただいたことを、これからの活躍が期待される方々へ、「プロ経営者」という切り口でお伝えすることを目的とした、いわば引継書というべきものです。仕事に関する技術論や精神論もさることながら、そのなかで私がもっとも強調したかったのは、リーダーとしての心構えです。

本文中でも記したとおり、本来、日本には武士道や「論語」を中心に据えた独自のリーダー像があったはずなのですが、バブル崩壊以降、その伝統の継承がすっかりなおざりになってしまいました。

一方で、日本型経営については、終身雇用や年功序列など、本来一時代の一側面でしかないことが強調されすぎたきらいがあると思います。グローバルな競争が激化するなかで、その扱いをどうするのかということばかりに関心が集まり、変革の担い手となるリーダーの育成をおろそかにしてきた。それが序章で述べた「人材敗戦」の大きな原因の一つです。さらに、「失われた二十年」と呼ばれる経済の長期的な低迷とも相まって、今や日本企業は周回遅れのランナーとなってしまいました。

にもかかわらず、市場や生産拠点を求めて海外に打って出なければなりません。そこで競争相手となるのは、欧米のグローバル企業です。何としてもこの熾烈な戦いを勝ち抜かなければ、企業としての存続すら危ぶまれることになるでしょう。

本書はまた、これからこの過酷な戦いに臨む、三十代、四十代のビジネスマンの皆さんへエールを送るものでもあります。

まずは、早急に規模の拡大や人事制度の刷新を図り、企業としての競争力を強めなければなりません。

そのためには、先行する欧米のグローバル企業から学ぶことも多いでしょう。ただし、すべてを欧米型に変えればいいというわけではありません。特にリーダーについては、日本の文化的伝統に基づいた日本型リーダーというものがあるはずです。「和魂洋才」というほど極端ではないにしても、欧米企業のノウハウを吸収しつつ、日本の魂を忘れないで、なおかつグローバルな競争に通用するような、堂々たるリーダーを目指してください。プロ経営者は、その第一歩だというのが、私の考えです。

リーダー育成についてもう少し大きな観点から論ずるとすれば、現在日本が直面している国家的な危機を意識せざるを得ません。

具体的には急激な少子高齢化と巨額の財政赤字により、日本が破綻に追い込まれることが懸念されているのです。もちろん、政治も手をこまねいているわけではないでしょうが、結局、破綻は回避できない可能性が高い。現在の日本の政治システムにおいては、本当に痛みを伴う政策をとることが難しいからです。早ければ、十年以内に日本が政治的にも経済的にも、かなり厳しい状況に陥ってしまうのではないかと危惧しています。

それにより、終戦直後に匹敵するような混乱がもたらされることでしょう。いや、考えようによっては一九四五年当時の方がマシだったかもしれません。敗戦自体のショックに加え戦争により人的、物的に甚大な被害を受けたものの、そこには二十年近く続いた軍部による独裁体制が崩壊した安堵感があり、なにより、日本はまだ若々しかった。一方、日本は現在でも六十五歳以上が人口の四分の一以上という超高齢国家であり、十年後ならなおさらその再建に取り組まなければならないでしょう。

まさに、八方塞がりというべき状況を打開できるのは、人材だけだというのが私の考えです。そもそも、平均的な日本国民の水準は、世界でもトップクラスだと言われていますが、それは十年後でもそれほど大きな変化はないでしょう。そういう人々にきちんとした目標を示し導くことができるリーダーさえ育成できれば、日本は何とか立ち直るのではないか――。それが私の一縷の望みでもあります。

つまり、プロ経営者としてグローバルな競争を通じてキャリアを積んだ人材が、ビジネスのみならず、政治でもＮＰＯでも、あるいはアドバイザーとして官界へ入るなど、とにかくさまざまな分野に出て行って、リーダーとして能力を存分に発揮してほしいのです。

落ちぶれた国家が多少の人材くらいでどうなるんだ、という反論もあるかもしれません。しかし、諦めてしまったらそれこそ本当におしまいです。たとえば、明治維新を思い出してください。政治的にも経済的にも行き詰まっていた幕藩体制を覆し、近代国家を打ち立て、日本が西欧列強の植民地になることを防いだのは、若きリーダーたちの指導力であり、庶民レベルでの教育水準の高さであったのです。

今再び、日本が危機を迎えようとしているなかで、多くの人たちがそれを自覚し、何とか日本が二十二世紀を迎えてもきちんとした国家でいられるために、力を貸してくれるよう望んでやみません。

私自身、ビジネスを超えて、こうした人材育成には常に心を砕いているつもりです。今回は、私の著作を読んでいただくという一方的な出会いでしたが、できればヘッドハンティングの対象として、皆様方と直接お目にかかる機会があれば、これほどの幸せはありません。

最後に誠に恐縮ながら、個人的なことを述べさせてもらいます。

現在、すでに三十代までのビジネスマンのほとんどは、ネット世代といわれる人たちで占められるようになっています。六十歳を超え、何とか人並みにスマホを使えるように努力しているが程度のＩＴ知識しか持ち合わせていない私にとって、求職活動を含めネットを通じたコミュニケーションが当たり前になっている彼らのメンタリティには、理解しがたいところも少なくない。

本書を執筆するにあたり、そうした若い世代の仕事観やリーダー観、キャリア形成に対する意識を知るうえで、私の長男である直裕とのディスカッションから、いくつかのアドバイスを得ることができました。執筆協力としてクレジットされているのは、そういう意味です。

息子は米国留学、外資系企業や中国、インドでの実務経験などを経て、現在は縄文アソシエイツの一員となっています。もちろん、直接、会社を継がせる気など毛頭ありません。私の引退後は、縄文アソシエイツはしかるべき人材に任せるつもりでいます。それでも、ヘッドハンターという職業を継いでくれるというのは、私にとってうれしい限りです。

今後、他所《よそ》へ転職するのか自分で起業するのか、それは分かりませんが、本書はまた、私から息子への、ヘッドハンターという仕事の引継書でもあるということを述べて、筆を擱《お》かせていただきます。

二〇一五年十一月

古田英明

著　者

古田　英明（ふるた・ひであき）

縄文アソシエイツ株式会社代表取締役。
1953年生まれ。1976年に東京大学経済学部卒業。神戸製鋼所で、東南アジア、中近東等での企画・販売業務に携わる。野村證券では、資本市場部、営業企画部で引き受けおよび企画業務などを担当。1996年４月に日本初となるエグゼクティブサーチ会社「縄文アソシエイツ」を設立。AMROP ボードメンバー。“ひとつの会社の終身雇用から、ひとつの社会の終身雇用へ”という理念のもと、様々な活動を行なっている。

執筆協力

古田　直裕（ふるた・なおひろ）

縄文アソシエイツ株式会社コンサルタント。立教大学理学部卒業。カーネギーメロン大学経営大学院修了（MBA）。巴川製紙所での勤務を経て、グレンジャーでは、中国・インドでの拡販や、モノタロウの海外事業を支援。

ヘッドハンターだけが知《し》っている
プロ経《けい》営《えい》者《しゃ》の仕《し》事《ごと》術《じゅつ》

発行 2015.11.20

著者 古《ふる》田《た》英《ひで》明《あき》

発行者 佐藤隆信

発行所 株式会社新潮社
〒162-8711 東京都新宿区矢来町71
電話 編集部 03-3266-5611
読者係 03-3266-5111
http://www.shinchosha.co.jp

印刷所 錦明印刷株式会社
製本所 株式会社大進堂

乱丁・落丁本は、
ご面倒ですが小社読者係宛お送り下さい。
送料小社負担にてお取替えいたします。
価格はカバーに表示してあります。

ISBN978-4-10-476902-5 C0095